SAMICO

RETRATO DE CÉLIDA [PORTRAIT OF CÉLIDA] CIRCA 1957 ÓLEO SOBRE TELA [OIL ON CANVAS] 44 × 37 CM

PARA CÉLIDA

Escrever sobre Gilvan Samico seria reafirmar tudo o que tenho dito a respeito de sua obra desde a década de 1960, através de artigos de jornal, ensaios em revistas e livros, textos para catálogos de exposições etc. Aqueles que acompanham mais de perto o meu trabalho de ensaísta — e não digo de crítico, pois nunca me vi obrigado a manter a serena e castrada posição do crítico diante de uma obra que incendeia a minha imaginação — sabem o quanto a obra de Samico me fascina, e como ela me foi decisiva para o estabelecimento da poética do Movimento Armorial, do qual Samico tem sido, desde o início, uma estrela de primeira grandeza.

Na eterna discussão entre artistas figurativistas e abstracionistas, sempre me inclinei mais pelos primeiros, por achar que a arte deveria manter uma comunicação profunda com o real — uma comunicação visceral e originária, mas sempre, claro, de natureza corretiva e criadora. A atividade artística seria, assim, uma transfiguração, um depoimento do mundo, a tentativa do artista de atingir, através de um arrebatamento, as verdades mais nobres e altas da realidade. Meu medo, no caso — o mesmo que eu já confessava, nos anos 1950, a meu querido amigo Aloisio Magalhães — era que a independência em face do real levasse a um certo formalismo, a uma certa esterilidade, transformando-se o exercício da pintura num jogo agradável, mas um pouco sem sentido.

No início da década de 1960, fui procurado por Gilvan Samico, que, com a cortesia e a humildade que sempre o caracterizaram, pediu-me uma orientação para seu trabalho no campo do desenho, da pintura e, sobretudo, da xilogravura. Foi então que eu lhe disse para mergulhar no universo mágico e poético do Romanceiro Popular Nordestino, universo que lhe daria, a meu ver — e o tempo mostrou que eu não estava errado — um rol inesgotável de temas para serem trabalhados em sua obra já então caracteristicamente figurativa, mas profundamente marcada por escolas e estilos europeus, a exemplo do expressionismo.

Ao longo dos anos seguintes, em várias oportunidades, Samico referiu-se a esse nosso primeiro encontro, demonstrando a generosidade do seu caráter e a ausência de vaidade com que sempre se pautou, nesse campo tão suscetível a incompreensões de toda ordem como é o campo da arte.

SAMICO E EU

ariano suassuna

Porque foi, de fato, a partir dali, de um simples conselho, que Samico empreendeu a sua viagem-iniciática, sobre a qual já me referi várias vezes, e que fez dele o maior gravador brasileiro de todos os tempos. Todos os requisitos para a sua viagem Samico já os possuía — a força para desaprender as cosmovisões alheias, que nos são impostas pela massificação cultural; o tino para distinguir as vozes legítimas de sua família espiritual; a fé em si mesmo, para desbravar, muitas vezes a golpes de facão, a vegetação cerrada e espinhenta que surgia à sua frente, abrindo as suas próprias veredas no território áspero e tirano da beleza; a tenacidade para perseverar no seu caminho, mesmo quando os arautos de uma pseudo-vanguarda (os mesmos que ainda hoje constroem os seus castelos de areia) o julgavam anacrônico e arcaico.

Mergulhando no universo do Romanceiro e reencontrando-se com as raízes de seu sangue, Samico pôde regressar com seus Santos, seus Profetas, seus pássaros de fogo, seus dragões, suas serpentes, seus bois encantados e seus cavalos misteriosos, em gravuras que nos dão o aspecto de soberana simplicidade, de um virtuosismo técnico realmente impressionante. Ali, no Castelo de pedra da sua obra, no Marco litorâneo que ele ergueu e ornamentou com as cores da Cultura brasileira, tudo é recriação pessoal a partir da grandiosa tradição popular; por isso aquele mundo novo, de uma originalidade reconhecível à primeira vista e que também à primeira vista — para os que frequentam o campo da arte — revela a marca inconfundível do seu criador.

Um grande artista, como Samico, jamais se preocupará com "rótulos" que venham a ser lançados, a qualquer tempo, sobre a sua obra, na vã tentativa de reduzir a sua originalidade ou a sua grandeza, equiparando-a a outras do mesmo "estilo", da mesma "escola" ou de um mesmo "movimento". Em arte, aliás, creio mesmo que as terminologias sempre foram usadas de acordo com a conveniência de cada um. A vinculação a um "movimento" somente prejudicará uma obra se ela não possui força suficiente para não responder por si mesma.

Nesse sentido, e para concluir esse breve depoimento, gostaria de dizer ainda que quando incluo Samico nas fileiras do Movimento Armorial, o faço com absoluta consciência de que é o Movimento que se engrandece com a sua presença, e não o inverso, pois sei perfeitamente quando estou tratando de um desses casos raros de artista superior, mestre de si mesmo e discípulo de ninguém.

ENTRE A POESIA E O PAPEL

weydson barros leal

A poucos metros do Mosteiro de São Bento, em Olinda, um casarão de três pavimentos é a residência e o ateliê de Samico. Quando se mudou para lá, em 1965, a grande fachada não exibia o desenho que tem hoje, e as paredes guardavam as marcas da antiga escolinha de um orfanato. Nesta mesma casa, no século XVII, teria vivido João Fernandes Vieira, herói da Restauração Pernambucana, episódio que culminou com a expulsão dos holandeses das terras brasileiras em 1654. Samico se diverte com a possibilidade do antigo inquilino, mas nunca fez questão do anúncio público por considerar Fernandes Vieira um "herói sem nenhum caráter, pior do que Macunaíma". O imóvel foi comprado após o retorno de uma temporada de quase sete anos no Rio de Janeiro, onde o jovem artista trabalhou no escritório do designer gráfico pernambucano Aloísio Magalhães. Foi neste período que conheceu Oswaldo Goeldi, com quem estudou gravura durante um mês na Escola Nacional de Belas Artes. Para Samico, a ida para o Rio de Janeiro foi quase acidental. Num encontro inesperado com Aloísio Magalhães, que passava férias no Recife, em 1957, disse-lhe que estava de mudança para São Paulo, pois acabara de ser premiado no *XVI Salão do Museu do Estado de Pernambuco* e tentaria encontrar na capital paulista cursos de especialização e outras atividades ligadas à arte. Aloísio argumentou que era amigo de Lívio Abramo, gravador e professor do curso de artesanato da Escola de Arte Moderna de São Paulo, e que lhe daria uma carta de apresentação. A oferta foi aceita. Antes do embarque no navio que o levaria até o Rio de Janeiro, onde passaria alguns dias na casa de um primo antes de seguir viagem, Samico ainda teve um segundo encontro importante: o pintor Francisco Brennand[1], um ano mais velho e como ele premiado nos Salões de Arte de Pernambuco, que lhe ofereceu indicações no meio artístico paulista, as quais foram levadas junto com a carta de Aloísio. Na prática, Lívio Abramo foi o segundo professor de gravura de Samico, que iniciara seu aprendizado com Abelardo da Hora, no Recife, alguns anos antes. Já em São Paulo, o primeiro contato com o novo professor ocorreu na redação do jornal onde Lívio trabalhava. Após as devidas apresentações, Samico foi admitido como aluno bolsista no curso de gravura. Os meses que passou em São Paulo não foram fáceis. Dividia quartos de pensão com inquilinos que não eram estudantes de arte[2] e as noites eram geralmente incômodas para quem estava acostumado com as temperaturas amenas do Recife. Durante as aulas com Lívio Abramo, o jovem pernambucano se destacava por seu talento e também por sua extrema timidez.

[1] Mais de trinta anos depois, Samico e Brennand tiveram obras expostas na *Bienal de Veneza* de 1990, onde se encontraram.

[2] Na pensão onde passou mais tempo, Samico dividia o quarto com um sujeito avesso à arte e que passava horas fazendo ginástica diante de um espelho. Enquanto o ginasta se exercitava, o artista escrevia longas cartas ricamente ilustradas a serem enviadas ao Recife, principalmente para a namorada, Célida Peregrino. Bailarina de formação, logo Célida seguiria para um estágio profissional no Rio de Janeiro, onde eles se casaram.

3 O convite para a temporada no Rio de Janeiro veio de um primo, o mesmo em cuja casa, na infância, Samico brincara e onde havia encontrado o primeiro caderno de desenhos. Ao informar a sua partida a Lívio Abramo, este também lhe ofereceu uma carta de apresentação.

4 Instituto de Previdência dos Servidores do Estado de Pernambuco, autarquia onde Samico começou a trabalhar um pouco antes de suas viagens de estudo.

5 Durante o ano de 1967 e parte de 1968, duas vezes por semana Samico ia de ônibus para João Pessoa apenas para as aulas de gravura. A distância entre Olinda e João Pessoa é de aproximadamente 120 km.

6 Além dos Salões de Arte nos quais foi premiado, Samico participou de bienais e exposições internacionais coletivas, como no Carreau du Temple, em Paris; no Art Center de Dronninglund e no Museu Charlottenborg de Copenhague, Dinamarca; e no Konsthall de Estocolmo. Curiosamente, no caso do *XVII Salão de Arte do MAM-RJ*, no qual foi premiado, as três gravuras que concorreram foram inscritas por um amigo sem o seu conhecimento. Por não saber os títulos dos trabalhos, o amigo as inscreveu com os títulos "Gravura nº1", "nº2" e "nº3". Samico se diverte com o fato, pois nunca usou número como título. A gravura premiada com o Prêmio de Viagem foi *A luta dos anjos*, de 1968.

7 Após o casamento, Célida de Miranda Peregrino passou a assinar Célida Peregrino Samico.

Em geral, trabalhava nas últimas mesas da sala, onde havia pouca luz, tudo para não chamar a atenção dos outros alunos. Passados seis meses e com o fim do dinheiro que trouxera do Recife, um convite para morar no Rio de Janeiro e a possibilidade de trabalho no escritório de Aloísio Magalhães selaram a sua transferência[3].
Quando voltou para Pernambuco em 1965 — já casado e decidido a fixar residência em Olinda —, reassumiu o emprego público no IPSEP[4] e durante um ano e meio deu aulas de gravura na Universidade Federal da Paraíba[5]. Mesmo tendo encontrado o imóvel que desejava e estando com a vida razoavelmente organizada, desfrutou pouco do novo endereço. Três anos após o retorno, recebeu o Prêmio de Viagem ao Exterior do *XVII Salão de Arte Moderna do MAM do Rio de Janeiro*[6] e no ano seguinte foi para a Espanha com a mulher, Célida[7], e os filhos Marcelo e Luciana. Em Barcelona, instalou-se com a família num apartamento pequeno e pouco confortável onde não havia espaço sequer para montar uma oficina de gravura. No ambiente estranho da Catalunha, o artista não se sentia à vontade. Ali não fez uma única impressão. Fazia desenhos, estudos, aquarelas, mas o tempo demorava a passar e a vida não tinha graça. Em 1971, de volta ao Brasil, juntou ao dinheiro poupado na estadia europeia um empréstimo que fez no IPSEP e finalmente começou uma reforma no velho casarão. Essa reforma — ele faz questão de sublinhar — foi feita numa época em que Olinda ainda não havia sido tombada como Patrimônio da Humanidade, e portanto ainda era possível alguma intervenção. A obra durou cerca de dois anos. Nesse período, a família transferiu-se para uma pequena casa à beira-mar, em Olinda, onde ele realizou três pinturas em tela. As lacunas na datação de suas gravuras entre 1969 e 1975 deve-se a esse período de mudanças.

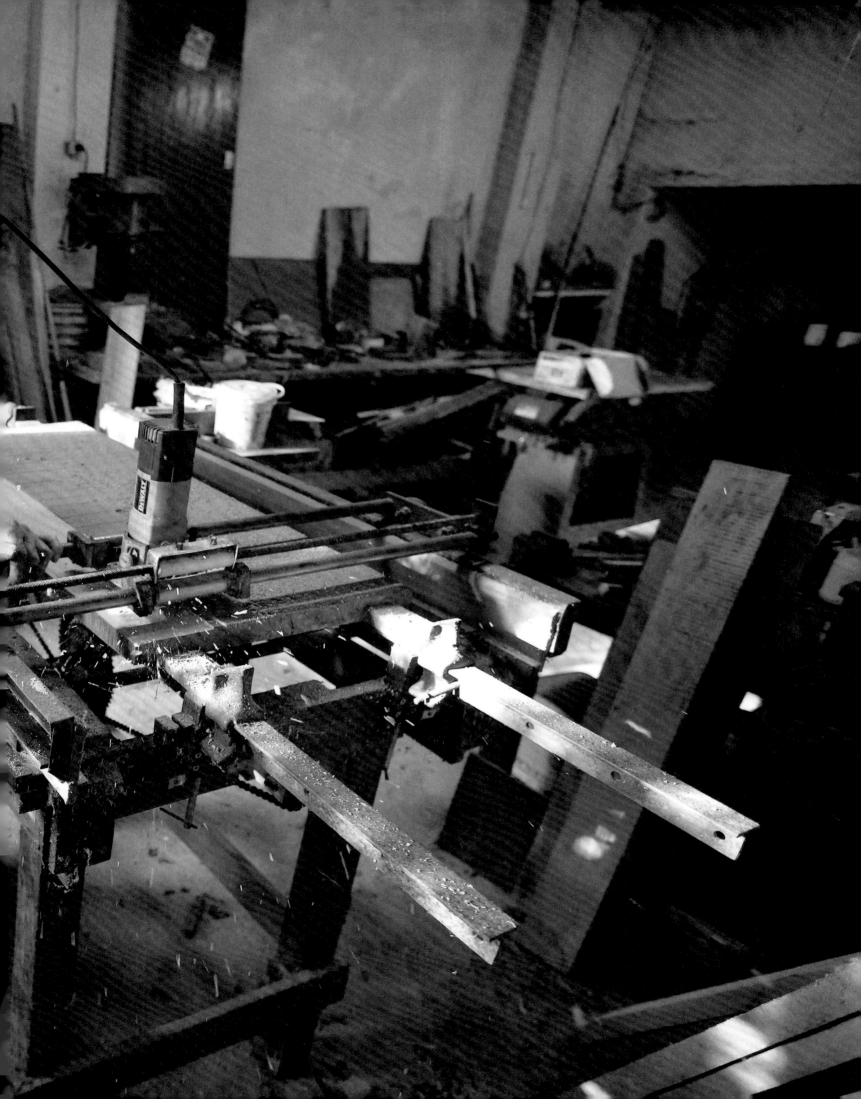

OS SEGREDOS DA MADEIRA

O casarão de número 55 na rua de São Bento respira a arte e a vida de Samico. No primeiro piso, desde a porta de entrada, uma ampla sala é iluminada por seus quadros e gravuras. Ao fundo, uma escada conduz aos quartos principais da residência. No terceiro e último andar está o ateliê de desenho e impressão, onde uma mesa de trabalho é o centro em cuja órbita amontoam-se placas de madeiras, telas em branco, quadros a óleo, gravuras impressas, estudos em andamento, cavaletes e um armário com finas gavetas onde são guardadas centenas de trabalhos já realizados. Por todos os lados há goivas, buris, tintas, papéis, esquadros, réguas e compassos. Além das ferramentas tradicionais de um gravador, Samico também criou as suas próprias, como uma goiva que não permite que o fio da madeira enrole para frente encobrindo o desenho enquanto a superfície da placa é cortada. Como todo inventor orgulhoso de sua criação, ele demonstra o efeito do revolucionário engenho. Realiza diversos tipos de corte sobre diferentes tipos de madeira, exibindo uma precisão impensável para um homem comum. Explica que as goivas precisam ser afiadas para o corte perfeito, e demonstra as "facilidades e dificuldades" de cada corte. O apuro e a delicadeza do seu traço também se devem à qualidade das ferramentas inventadas por ele, e assim, a elaboração de seu universo místico, fruto de uma antropofagia artística que processa lendas, histórias e mitologias é sustentada por uma técnica ímpar. O ateliê no terceiro piso da casa, no entanto, não é a única área de trabalho de Samico. No quintal atrás da casa ele mantém uma serralharia para o corte e preparação de suas matrizes. Ali passa horas entre os ofícios do gravador e do artesão, pois além das placas que meticulosamente finaliza para a xilogravura, diverte-se criando móveis e objetos, o que inclui preciosos trabalhos em marchetaria.

Samico sabe como poucos as especificidades de inúmeros tipos de madeira. Na maioria dos casos, conhece-as pelo tato, pelo cheiro, pela cor. Quando ainda não havia definido o tipo específico para o seu trabalho, usou de tudo, até madeira de caixas de frutas. Foi a sugestão de Lívio Abramo nos tempos difíceis de São Paulo. Em suas aulas, por questões financeiras, Lívio só usava o linóleo, mas não era contra quem quisesse experimentar a madeira e até incentivava o aluno pernambucano: "Ande pelos becos que cruzam a avenida São João e você vai encontrar caixotes de maçãs jogados fora." Foi então que Samico começou a ter o material para suas primeiras xilos feitas na capital paulista. Logo considerou aquela madeira branca demasiadamente macia, o que tornava difícil o trabalho. Ainda assim conseguiu realizar gravuras com traços inacreditáveis para este tipo de fibra. Por fim, o esforço lhe serviu como aprendizado.

Não se pode afirmar que haja uma madeira ideal para a xilogravura. Samico diz que "a melhor é a de cada um". No século XIX, em função do gravador inglês Thomas Berwick, que criou o processo chamado "gravura de topo", o padrão era uma madeira europeia chamada "buxo", que tem similar na floresta amazônica. Para Samico, no entanto, o mundo ideal seria sempre poder dispor do pequiá-marfim, uma espécie dura, que aguenta o corte mais delicado sem se quebrar. Infelizmente, o pequiá que se encontra no Brasil é vendido em tábuas muito finas ou estreitas. Essa era a madeira mais usada por Goeldi.

Em sua serralharia ele guarda amostras de diferentes tipos de madeira. Por todos os lados o cheiro é forte, peculiar. Um pedaço encontrado sobre a mesa é cheirado como se cheira uma flor. "Essa é louro-cedro, tem um cheiro muito gostoso, sinta" — e me oferece o exemplar como quem aprecia uma taça de vinho. "Mas tem madeira que faz espirrar, e quando a gente passa na máquina sente amargar a boca, arder a garganta." Depois de apontar várias amostras, delicia-se com suas cores e texturas. Como uma criança, é curioso e guarda coisas quase inúteis: "Eu tenho aqui muitos tipos de madeira. Por exemplo, essa aqui é uma jaqueira, que não serve para minha gravura, pois a fibra é muito complicada. Mas eu guardo e posso usar para outra coisa. Os cupins têm ódio de mim porque eu vivo competindo com eles. Aquilo que nas outras serralharias é jogado fora, eu guardo."

Mas o artista também guarda coisas grandes. Por exemplo, uma máquina que não funciona. Máquina enorme. Máquina que tem história. Como um gigante adormecido, a máquina emerge da poeira e da serragem depois que pergunto a razão por que uma placa trabalhada — nítida matriz de uma bela gravura — está aparentemente abandonada num canto da serralharia. Samico responde apontando para a máquina. Lembra o amigo Giuseppe Baccaro, artista e colecionador que durante anos comprou livros raros e objetos de arte em leilões. Num desses leilões, Baccaro teria adquirido parte do maquinário do grupo Cem Bibliófilos do Brasil[8], sociedade cultural liderada pelo editor Castro Maya, no Rio de Janeiro, que publicava obras ilustradas por grandes artistas brasileiros. A velha máquina era uma prensa para xilogravura e composição gráfica arrematada por Baccaro e depois vendida a Samico. Ainda que manual, a engenhoca executava todo o processo de impressão de gravura praticamente sozinha. Samico a testou uma única vez imprimindo exatamente a gravura cuja matriz está agora esquecida. Pouco tempo depois dessa experiência, como não havia material de manutenção para a máquina, a impressão mecânica foi esquecida.

[8] Fundada em 1943, a Sociedade Os Cem Bibliófilos do Brasil editou 23 obras de literatura brasileira, ilustradas por grandes nomes de nossas artes plásticas. Além dos 100 exemplares dos sócios, Castro Maya editava um número especial com os originais das ilustrações. Muitas matrizes, após serem inutilizadas para futuras publicações, foram arrematadas em leilões da Sociedade. O acervo relativo aos Cem Bibliófilos ainda inclui estudos, provas e originais não utilizados nas ilustrações e cardápios dos banquetes de lançamento dos livros.

O processo de criação de Samico é meticuloso e demorado. Antes do desenho definitivo para uma gravura, são feitos inúmeros estudos preparatórios, variações de detalhes, experimentações em diversos tamanhos, inversões, supressões, tudo geralmente começando em pequenos papéis até chegar à obra que será impressa. Esse trabalho leva meses. Em cada versão há mudanças às vezes radicais, sempre buscando um equilíbrio obsessivo. O tempo, nesse processo, tem uma justificativa peculiar: "Eu não sei trabalhar com prazos, sob pressão. Tenho medo de enlouquecer." A impressão de cada gravura é feita de forma inteiramente manual, apenas por ele, e o número de exemplares pode chegar a cento e vinte. "É preciso saber que há artistas que fazem apenas o desenho e depois mandam alguém gravar. Eu desenho, gravo e imprimo." O longo tempo demandado para esse trabalho também se deve ao fato de que, além do preto predominante em sua obra, ainda são inseridos detalhes em cores que sublinham e iluminam trechos da cena. Nesses casos, o tempo gasto só para imprimir um traço de cor não é menor do que duas horas por exemplar. Uso aqui a palavra "exemplar", e não "cópia", porque, como explica Samico, assim como um livro, cada gravura impressa é em si mesma um original, e se um mínimo detalhe de impressão a difere das demais — desde que não a prejudique —, antes de simplesmente distingui-la, enriquece-a, tornando único este exemplar como deve ser todo livro.

ENGENHO E ARTE: AS FERRAMENTAS E OS PAPÉIS DA CRIAÇÃO

Um dos segredos para a qualidade de impressão e durabilidade de uma gravura é o papel. Samico reconhece que houve época em que sentia mais facilidade de encontrar papéis específicos para cada tipo de impressão, e lembra-se de um certo "papel de trapo", feito a partir de restos de tecido de linho. O tecido, uma vez transformado em pasta, resulta num papel de qualidade incomum. Mestre em sua arte, ele conhece toda uma gama de papéis apropriados para a gravura. Ensina que o que se costumou chamar "papel de arroz" é apenas aquele feito da fibra de uma planta chinesa (papel-arroz), da mesma forma que se faz papel de bambu, de amoreira, de bananeira, e outros a partir de fibras vegetais. Quanto à origem, o papel que ele usa vem do Japão. De produção quase artesanal, Samico chegou à conclusão de que, nesse material específico, a tinta adere melhor, a impressão é macia, algo que dificilmente consegue no melhor papel industrializado, seja produzido no Brasil ou em qualquer outro país. Mas não é só isso que lhe proporciona um traço firme, seco, sem falhas, sem borrões ou excessos. Um traço fino, sem acidentes na impressão, se deve acima de tudo à quantidade de óleo existente na tinta. Uma tinta demasiado oleosa cria um halo amarelo no limite da linha impressa. Ressalve-se que a tinta usada em impressão não é a mesma tinta a óleo da pintura de telas. Esta, se aplicada à impressão, desliza demais, não adere de forma correta ao papel.

Aqui retornamos ao Samico inventor. Insatisfeito com o tamanho de algumas ferramentas de gravação e impressão encontradas no mercado — como os rolos que o faziam levar até seis horas para a aplicação correta do preto —, Samico desenvolveu uma série de novos engenhos em tamanhos diferentes. "Eu sei que perco um tempo enorme nesse processo de desenvolvimento de ferramentas, mas tenho minhas compensações. Há quem não dê importância a isso, mas é uma questão pessoal, eu preciso encontrar essas soluções. Já houve quem viesse aqui e copiasse minhas ferramentas para depois tentar vender por aí." Seria este o segredo para uma impressão tão precisa também em suas cores? "Pode ser uma coisa minha, quem sabe? Goeldi, por exemplo, fazia o processo normal, esse de esfregar." E sobre a mesa, faz uma demonstração. "Observe: quando a gente imprime uma gravura por fricção, necessariamente o papel adquire um certo brilho porque ele é como que alisado, há algo como um polimento. Certa vez um restaurador da Paraíba veio aqui e me trouxe uma ferramenta feita de material antiaderente, que não deixava brilho na cor. Eu pensei que mistério é esse? E passei a usá-la. Eis o segredo. Antes disso, as áreas de cor nas minhas gravuras, se observadas por trás, pareciam polidas, e na área do preto não aparecia polimento nenhum. Se for um papel finíssimo, como os que eu usava antes, a tinta passa de tal forma que eu já confundi a ponto de montar gravuras de costas. Já vi isso acontecer com outros gravadores, como o próprio Goeldi."

A ARQUITETURA DOS SONHOS OU UMA SEMIOLOGIA DO FANTÁSTICO

Num passeio pela sua casa, paro diante de algumas gravuras e tento decifrar símbolos, buscar sentidos subjetivos. Olhando *A luta dos anjos*, de 1968 — vencedora do Prêmio de Viagem ao Exterior no *XVII Salão de Arte Moderna, do MAM-RJ* —, lembro que ali reside um divisor estético em sua obra: a questão do reflexo, dos paralelismos, dos planos independentes que se comunicam, elementos apenas insinuados em *Suzana no banho*, de 1966. Samico pondera que já em *Suzana* começam alguns elementos novos, como o corte das seções, mas reconhece que em *A luta dos anjos* — gravura fundamental para esses novos elementos — passa a existir a questão do rebatimento ou "batimento, a coisa pendular". O equilíbrio nesse "batimento", ou a sensação de espelho, se deve também ao modo como ele inicia o primeiro estudo para uma gravura. O primeiro traço no papel é, via de regra, um eixo central de onde partirão todas as imagens e seus duplos, seus opostos, suas rimas e seu equilíbrio. Em alguns casos, uma segunda linha, um eixo horizontal, acrescenta à cena um equilíbrio ainda mais rigoroso, como reflexos em quatro planos. O nascimento da cena, no entanto, pode se dar de forma caótica, imprevista, intuitiva. A demarcação dos planos, para Samico, tem a função de assegurar os limites da composição. Ainda observando *A luta dos anjos*, ele comenta: "São dois momentos: de um lado está o universo cotidiano, comum, enquanto o outro entra na área do… Bem, há coisas que eu quero dizer mas não posso."

A LUTA DOS ANJOS [BATTLE OF THE ANGELS] 1968 [54,8 × 33 CM]

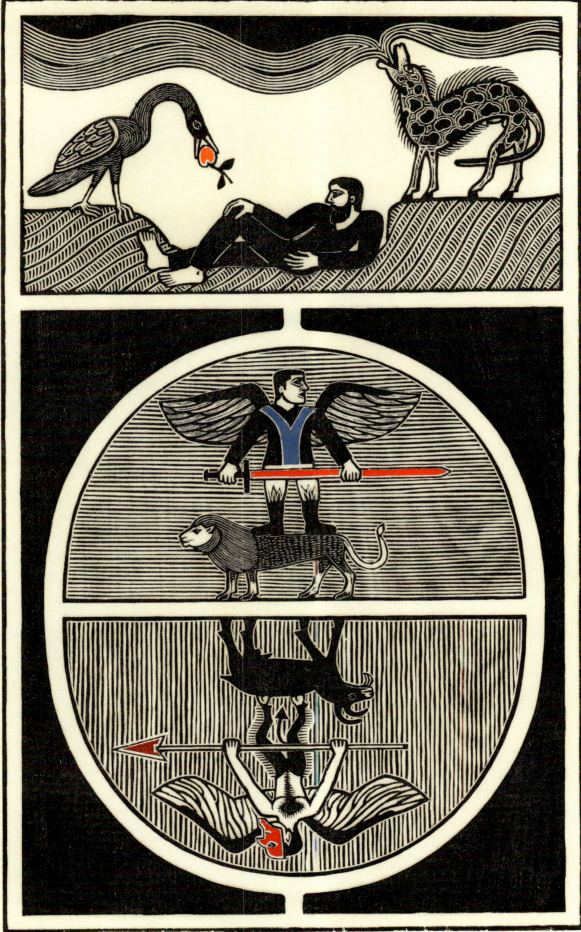

9 Na gravura *Juvenal e o dragão*, de 1962, Samico aborda o tema, muito utilizado pelos gravadores de cordel. No entanto, são pouquíssimos os exemplos em que o cordel lhe fornece um personagem definido.

10 Em duas ocasiões Samico e Galeano se encontraram pessoalmente no Recife. Para mim, encontros como esse revelam a misteriosa engenharia do tempo que com frequência reúne, numa mesma época e lugar, artistas e escritores cujas obras, em poderosa simbiose, alimentam a luz da permanência.

Insisto. Seria, pergunto, um paralelo entre o mundo real e o místico, ou algo além desse conflito? Samico observa que na parte de cima da gravura há uma maneira de ver a realidade, uma coisa mais descritiva, uma vontade de dizer que, enquanto o pássaro oferece um fruto ao homem, um bicho vomita alguma outra coisa. Já na parte de baixo "está o signo, o símbolo, a coisa estratificada." Mas no fundo é "a dicotomia do bem e do mal." Lembro que numa gravura mais lírica realizada no mesmo ano de 1968 — *Luzia entre feras* —, aqueles sinais também se insinuam e se concretizam. A partir dali, num longo percurso de mais de quarenta anos até suas últimas produções, os elementos simbólicos do sonho e do fantástico continuam presentes. Por quê? Ele ri: "Porque eu continuo acreditando em dragão!"[9]
Dragão. Por essa palavra decido retroceder até o final dos anos 1950, período em que sua linguagem incorpora novas soluções. Também é ali que o uso da cor se evidencia, como em *Dama com luvas* (1959). Este é um caso extremo, em que a cor é usada em quase toda a cena (inclusive no corpo da figura), o que não se repetiria em nenhum outro momento. A partir de 2005, entretanto, gravuras como *A árvore da vida e o infinito azul* (2006), *A pesca* (2007), *A ilha* (2008), *Criação — As estrelas* (2009), *O fruto amargo ou a ilha do sonho* (2010) e *A conquista do fogo e do grão* (2010) apresentam detalhes coloridos de extrema riqueza. Mais ainda, se nos ativermos a esse último exemplo, *A conquista do fogo e do grão* reúne duas raras características na obra de Samico: 1) Áreas coloridas em quantidade e intensidade acima do comum; e 2) A ausência da figura humana em toda a cena. Nessa gravura, encimada por uma grande ave de perfil heráldico que carrega uma chama ou flor de fogo, elementos como a chuva, plantações de milho e inundações circundam uma lagartixa (ou lagarto, ou dragão). Todos são símbolos e personagens de uma lenda intitulada *O poder*, encontrada por Samico na trilogia *Memória do fogo*, do escritor uruguaio Eduardo Galeano[10], que se tornou fonte inestimável para algumas de suas mais importantes gravuras. Na insólita narrativa de *O poder*, um personagem conhecido como "o Mesquinho" possuía o grão e o fogo, e "entregava assados os grãos, para que ninguém pudesse plantá--los". Um dia, a lagartixa conseguiu roubar-lhe um grão cru. "O Mesquinho agarrou-a e rasgou-lhe a boca e os dedos das mãos e dos pés; mas ela tinha sabido esconder o grãozinho atrás do último dente. Depois, a lagartixa cuspiu o grão cru na terra de todos. Os rasgões deixaram a lagartixa com essa boca enorme e esses dedos compridíssimos." A lenda também conta que um dia, durante uma briga com o Mesquinho,

o papagaio roubou-lhe a fonte do fogo, "um tição aceso", e fugiu para o bosque escondendo a chama no oco de uma árvore. (Qualquer semelhança com o mitológico Prometeu apenas reforça a tese de Samico de que uma mitologia universal se recria em diversas civilizações.) Na tentativa de apagar a chama e punir todos, o maldoso personagem "bateu seu tambor e desencadeou um dilúvio". A história conta ainda que devido ao esforço para salvar o fogo, o bico do papagaio ficou "curto e curvo", e que nele ainda se pode ver "a marca branca da queimadura". Na gravura *A conquista do fogo e do grão* Samico reproduz quase todos os elementos e personagens envolvidos na parábola: os dois bichos (o papagaio hierático tem a plumagem verde e amarela, característica dessa ave), duas espigas de milho, um milharal, a tempestade e o incêndio ordenados pelo homem. Curiosamente, o protagonista de toda a história, "o Mesquinho", não aparece, e sua ausência indica a expressa condenação a que foi submetido por parte de quem recria graficamente a lenda. A gravura, portanto, é uma ode aos seus heróis.

Ainda com referência a signos, símbolos e enredos, é em *Anunciação*, de 1961, que surgem os primeiros personagens que farão parte do repertório mágico de Samico (como anjos, dragões, pássaros de fogo e pavões) ao lado de algumas histórias de santos, já encontradas na literatura de cordel[11]. O "pássaro" ou "anjo" de *Anunciação* resumiria tudo isso. Aqui há também um clareamento da cena, com a definição das figuras em fundo branco, algo que passará a ser definitivo a partir de 1963. Na gravura de 1961, vê-se no chão da cena o que Samico chama de "restos de madeira" — traços e ondas em preto que, assim como em *Francisco e o lobo de Mântua*, de 1960, dão ritmo e acentuam a luminosidade ao conjunto. Para ele, mesmo em *Francisco e o lobo de Mântua* esse efeito era ambíguo, e intrigava-o exatamente o fator surpresa — tão valorizado pela maioria dos gravadores — provocado pelos "restos de madeira" nas áreas em que se busca a luz. Não era o caso de *Anunciação*, em que o ritmo desse "efeito" era nitidamente procurado.[12]

A gravura *O triunfo da virtude sobre o demônio*, de 1964, apresenta, além da limpeza total dos "restos de madeira" — ou do "supérfluo", como também nomeia Samico —, um novo elemento em sua obra: o uso da linha contínua como fonte de ritmo e luz torna-se marca irreversível do refinamento de sua linguagem. A partir daí, ao lado dos espaços em branco, grandes feixes de linhas ou a repetição minuciosa de traços curtos e paralelos trazem para a superfície do papel a sensação vibrátil que

11 As referências ao cordel, ou o uso da literatura de cordel como fonte de símbolos, personagens ou apenas inspiração, são reconhecidas por Samico apenas até a década de 1960. Naqueles trabalhos, que ele chama de "gravuras abertas", não havia a divisão simétrica dos planos, com compartimentos e demarcações que sugerem diferenças de temas ou temporalidade.

12 Observando a gravura *Francisco e o lobo de Mântua*, de 1962, observo que o movimento dos "restos de madeira" a que se refere Samico me remetem a *O grito*, de Edvard Munch. Samico lembra que, mais do que no quadro famoso, este efeito fica latente na gravura de *O grito*, configurando uma marca do expressionismo de Munch.

reforçará aquela marca. Ao contrário de outros artistas, que ao atingirem um grau de excelência passam a fazer uma arte mais despojada de rigores, Samico acentua seus cuidados, e o traço meticuloso, cada vez mais exato e preciso, resultará em trabalhos de demorada execução. Ele reconhece tal constatação quando diz que, lentamente, cavou o próprio infortúnio — "imagine, agora, eu fazer uma coisa errada?" —, e sugere que esse é, na verdade, o martírio de sua paixão. "Quando a gravura está pronta, eu olho e penso: se eu tivesse tido mais um mês teria feito diferente." Mas é absolvido do próprio julgamento: "Ainda assim eu consigo fazer o meu trabalho dentro de um rigor que não me compromete."

Analisando o processo de elaboração e execução de uma gravura desde a concepção da ideia, passando pela evolução dos estudos e finalmente chegando ao uso de todas as técnicas de representação de profundidade, perspectiva, sombras e luzes, quero saber se há limites na solução de alguns problemas. Apontando os finíssimos cortes em uma matriz, Samico explica: "Na gravura de topo, aquela criada por Berwick, tudo é possível, até o cruzamento de linhas. Hoje, se eu tiver de fazer um cruzamento, farei da linha branca, e não da preta. Porque a linha preta, cruzada, soma, e a branca, no cruzamento, subtrai. Então os valores são outros. Se eu tiver de fazer um valor maior com linha branca cruzada, eu tenho de pensar muito para deixar mais preto do que branco, porque a tendência é deixar mais branco do que preto." E realizando pequenos cortes na superfície da madeira, ele demonstra como elabora delicadas áreas de sombra e luz: "Há áreas em que eu preciso de diferentes tons de cinza, e para isso posso usar o corte cruzado ou a linha, que em alguns casos são as únicas soluções possíveis. Digo isso porque não posso simplesmente raspar nem esfolar a madeira, eu tenho de solucionar o problema graficamente, com a sinceridade do corte. Essas soluções eu vou analisando a cada momento."

Samico vai até uma estante e encontra um livro, é uma edição antiga de *Dom Quixote*. Abre o volume numa página aleatória e exibe uma de suas ilustrações. "Veja isto." Ele aponta detalhes no desenho de Gustave Doré. "Você sabia que isto é xilogravura?" Confesso que na primeira vez que vi as gravuras do Quixote pensei que haviam sido feitas com ponta seca, em metal. Ele diz: "Esta é xilogravura de topo. Não é a xilogravura que eu faço, que é de fio. Tanto essas de *Dom Quixote* como as da *Divina comédia*, as de *Orlando furioso* e as do *Paraíso perdido* são xilogravuras de topo. Como desenhista, Doré era habilíssimo, mas perceba que em termos de habilidade o gravador tinha algo ainda maior do que ele. Doré fez os desenhos em bico de pena, mas tudo foi gravado em madeira. Claro que num ateliê de gravura daquela época havia muita gente trabalhando. A gravura era o que hoje seria o *off-set*. Além disso, havia outras questões. Uma delas é que o desenho, às vezes feito em aguada, podia ser interpretado pelo gravador, o que demonstra outra habilidade impressionante. A aguada era interpretada na madeira, quando o gravador fazia tudo para repetir o original. Um exemplo de mestria era o desenho em bico de pena tracejado, linha cruzando linha. Era um absurdo, pois quando você cruza duas linhas na madeira, fica um quadrado que precisa ser retirado. Pois eles retiravam todos esses quadrados. É um exercício de habilidade de tal ordem sofisticado que você duvida de que um homem tenha feito isso. Imitar *fusain*, imitar *crayon*, imitar lápis, tudo se fazia em xilogravura de topo."

Gilvan José Meira Lins Samico, pernambucano do Recife, nasceu no dia 15 de junho de 1928 e viveu a infância e a adolescência, até parte de sua vida adulta, no bairro de Afogados, na rua São Miguel. Foi o penúltimo de seis filhos — três meninos e três meninas — de um casal de classe média, cujo pai era um comerciante sem ramo definido e a mãe cuidava da casa e dos filhos. Fez os primeiros estudos em escolas públicas do bairro — o primário no Patronato das crianças e o ginásio no Grupo Escolar Amaury de Medeiros —, terminando o curso científico no colégio particular Porto Carreiro. Durante algum tempo, pensou em estudar arquitetura na faculdade, mas abandonou a ideia ainda no curso preparatório para o vestibular. Quando começou a desenhar, ainda na adolescência, os seus modelos eram os artistas famosos que via nas revistas do cinema. A centelha para esse início se deu durante uma visita à casa de um tio que também morava no bairro. Nesse dia, na garagem onde costumava brincar com os primos, encontrou um caderno de desenho aparentemente abandonado em que, na primeira página, havia um único esboço a lápis. Era o retrato de algum "artista de filme". Talvez pensando em fazer melhor ou quem sabe desafiado por tamanha semelhança, levou o caderno para casa e passou a copiar tudo o que se prestava como modelo: fotografias de jornais, estampas de santos, imagens de livros, e até, como maior desafio, o "Sagrado Coração de Jesus", pequeno relevo em gesso que decorava a sala. Os desenhos eram repetidos à exaustão até que agradassem à maioria dos que os viam.

Embora não tivesse uma formação erudita ou um olhar específico para as artes, o pai de Samico era um homem com percepção refinada. O avô fora industrial no Recife e a família tinha, até certo ponto, informação sobre arte, embora não estivesse nos planos de ninguém ter um artista em casa. Aos quinze anos, a fim de ajudar nos rendimentos da família, o artista adolescente teve o seu primeiro emprego como ajudante de serviços gerais na loja Odeon, no centro do Recife. O trabalho durou pouco, e por incompatibilidade ou inaptidão para a função, logo estava de volta ao ofício que mais lhe agradava, o de desenhista. Um segundo emprego, em que passou oito meses, foi na fábrica de pregos de um tio. Quando fez dezoito anos, o pai percebeu que sua dedicação aos lápis e cadernos era maior do que um simples passatempo. Resolveu então levar o filho à presença de um amigo que era professor de desenho, o pintor e arquiteto Hélio Feijó, e ouvir uma opinião especializada. Para isso, pediu ao filho que reunisse tudo o que tinha de melhor para mostrar. Com a seleta de sua produção dentro de uma pasta, o jovem desenhista se apresentou no escritório de Feijó, na rua da Imperatriz, onde se submeteu ao seu primeiro julgamento profissional. Embora sem entusiasmo, o veredicto de Feijó foi certeiro: o rapaz deveria parar de fazer cópias de fotografias e começar a desenhar modelos vivos. A partir daí, Samico procurou seus temas nas redondezas de casa, onde havia paisagens e animais, sendo as cabras, bois, cavalos e passarinhos os seus primeiros "modelos vivos". Nesse período, os desenhos ainda eram feitos apenas a lápis, só algum tempo depois é que as tintas e os pincéis passaram a fazer parte de seus materiais. Logo o jovem artista começou a frequentar a casa e o ateliê de Hélio Feijó, e ali conheceu os principais artistas modernos da época.

BREVES NOTAS PARA UMA BIOGRAFIA

Pouco antes do primeiro encontro com Samico, Hélio Feijó havia fundado, ao lado de outros modernistas pernambucanos, a Sociedade de Arte Moderna do Recife, instalada no seu ateliê, na rua da Imperatriz. O grupo da nova Sociedade se contrapunha aos conceitos demasiado ortodoxos defendidos pelo também professor Balthasar da Câmara, líder da Escola de Belas Artes do Recife. Enquanto Balthasar era apoiado por alunos e artistas formados nas salas da Escola, a turma de Feijó era composta de jornalistas, escritores, poetas e fotógrafos sintonizados com uma "nova linguagem" ou, pelo menos, uma linguagem despojada dos rigores acadêmicos da escola oficial. No novo grupo, Samico fez amigos. Embora muito jovem, compunha o elenco de "artistas emergentes" e convivia com nomes estabelecidos como o do escultor Abelardo da Hora. Pleno de talento e alimentado por sua juventude, Samico não recebia qualquer cerceamento à sua curiosidade artística, e mesmo fazendo parte do grupo da Sociedade, também tinha amigos entre os artistas do outro grupo, como o acadêmico Murilo La Greca. Foi nessa época que conheceu o já respeitado pintor Reynaldo Fonseca, mestre de uma pintura de construção clássica, que o convidou para um curso de desenho. Através do contato com Reynaldo, Samico adquiriu conhecimentos inestimáveis da arte erudita. E a fim de manter-se financeiramente enquanto se dedicava ao estudo da arte, entrou para o serviço público do estado, sendo efetivado como funcionário do IPSEP.

Após o mandato de Hélio Feijó, primeiro presidente da Sociedade de Arte Moderna do Recife, em 1950 assumiu o cargo o escultor Abelardo da Hora. Conhecido por sua forte atuação política e ligado ao Partido Comunista Brasileiro, como presidente da SAMR Abelardo concentrou-se na criação de um curso para formar desenhistas, pintores e escultores engajados com uma arte que refletisse as preocupações das classes menos favorecidas. Mais ainda: uma arte com raízes na cultura brasileira. Para a realização do primeiro curso, conseguiu emprestada uma sala do Liceu de Artes e Ofícios, no centro do Recife, onde começou a dar aulas. Da primeira turma fez parte Samico, então com vinte e dois anos.

Alguns meses depois do início das aulas, o diretor do Liceu, talvez enciumado com o sucesso do novo curso, pediu a desocupação da sala. Abelardo reuniu seus alunos e propôs uma cota, da qual ele também participaria, com o objetivo de alugar outro espaço onde pudessem continuar. Com grandes dificuldades, ao longo de alguns meses o grupo instalou-se em vários imóveis, sendo sempre despejado por atrasos nos pagamentos. Finalmente, a quarta ou quinta sede oficial foi a casa de um tio de Samico, alugada por três anos. O imóvel ficava na rua da Matriz, número 117, no bairro da Boa Vista, centro do Recife, e tinha dois pavimentos. No piso superior, onde Abelardo também instalou o seu ateliê, eram dadas as aulas de pintura, e no térreo ficavam as turmas do curso de desenho e pose rápida. Eventualmente, as turmas eram levadas para festas populares — uma das paixões do professor — a fim de desenharem músicos e brincantes do pastoril e do maracatu durante suas apresentações. Algum tempo depois, a associação desses alunos-artistas passou a ser denominada como Atelier Coletivo ("Atelier", com a grafia francesa), e durou mais alguns anos, com mais ou menos integrantes, até que seus membros se profissionalizaram e criaram seus próprios espaços independentes. No Atelier Coletivo estudaram alguns dos mais importantes nomes da arte pernambucana em qualquer época. Sob a orientação e influência de Abelardo, mestre desenhista e escultor, Samico chegou a fazer uma única escultura modelada em barro e fundida em cimento. Eram duas figuras de pescadores, um de pé e o outro agachado ao lado de um peixe. Não se sabe quando essa escultura foi quebrada por ele, mas ainda assim as mãos das duas figuras foram guardadas por sua esposa, Célida. Ainda em 1954, durante as aulas no Atelier, Samico começou a fazer gravuras em placas de gesso, e algumas vezes essas gravuras eram reproduzidas em madeira quando ele chegava em casa. Nessas primeiras gravações, embora revelasse certa indecisão temática — havia preferência por coisas ligadas ao mar, como jangadas e pescadores — o traço já era preciso, misturando luzes e texturas de forma sofisticada. Com a abertura do *XVI Salão de Pintura do Museu do Estado de Pernambuco*, em 1957, o jovem gravador resolveu enviar um de seus trabalhos como teste, e para sua surpresa foi premiado. Essa premiação se repetiu em 1958 e 1960, quando ele já havia deixado o Recife. A partir daí, sua técnica seria aprimorada nos ateliês de Lívio Abramo e Goeldi durante sua estadia em São Paulo e no Rio de Janeiro

UM OLHAR CRÍTICO, UM OLHAR ÍNTIMO

Vejo na obra de Samico uma das mais elevadas conquistas da arte, e tenho em mente a conquista da poesia. Não apenas a poesia como entidade criadora e viva em toda grande obra, mas aquela do fazer lento e trabalhado à exaustão, do indizível de outra forma. Há na história da arte e da literatura registros notáveis dessa sublime elevação, seja em obras extremamente abundantes, seja em antologias e catálogos às vezes reduzidíssimos, não importando aqui se esses artistas, poetas ou escritores tenham vivido duas décadas ou trouxessem recordações de quem vivera mil anos. Todos, em cada linha ou traço, conheceram as mesmas alturas. No universo das artes, Samico é um deles.

O que faz da arte de Samico uma grande arte, elevada ao mais alto patamar da criação gráfica ou pictórica, é que a sua busca não se limita ao campo referente da literatura ou da arte erudita conhecida como tal, mas tem seu êxito na construção original de uma potente invenção que se abastece tanto de histórias ancestrais como da cultura popular. Quase sempre partindo da investigação dessas histórias, da literatura de cordel e de passagens dos evangelhos — que com frequência estão presentes no cordel —, sua alquimia refunde os elos da memória universal num trânsito vigoroso entre as fontes do sagrado e do profano, entre o real e o fabuloso, recriando uma nova iconografia e erudição. Seu vasto celeiro de enredos e personagens tem raízes também na hagiologia e em mitologias de outras culturas, que ele sabiamente chama de universais.

Seu rigor na execução do desenho pode ser comparado ao dos gravadores renascentistas ou mais antigos ainda, quando a habilidade do artista produzia trabalhos quase inacreditáveis para a mão e o buril. Em Samico, essa relação se dá de modo parecido, mas a exatidão do seu corte se alimenta da fluidez de sua fantasia, e o virtuosismo minimalista que as ilustrações (ou iluminuras) dos antigos revelam, nele se traduz como amplitude e definição. Não chego a me contrapor à tese dos que encontram em sua obra o traço minimalista, mas não encontro em seus resultados nenhum exagero a que possa ser atribuída tal característica. Ao minimalismo está agregada uma ideia de exagero virtuosístico que não se aplica à gravura de Samico. Sua exatidão é a exatidão da ideia que se transforma em arte sem desperdício nem exageros — o que nem sempre ocorre com obras minimalistas. Todos os meses dedicados por ele à solução de um gesto ou de uma cena também são a busca da dualidade com que a precisão revela sua clareza e seu mistério.

Se observamos a obra de Samico em conjunto, percebemos que é a partir de 1960 que ele encontra, definitivamente, o seu mundo e sua linguagem. Nessa década, uma revolução de formas e luzes parece ter início no país de sua criação. É quando sua gravura se despe dos campos noturnos da natureza goeldiana e da abundância textural de Lívio Abramo para assumir uma expressão que será exclusivamente sua, e que irá se processar dentro de uma nova perspectiva temática. Esse novo caminho, como o próprio Samico revelou em algumas entrevistas, foi inicialmente apontado pelo amigo Ariano Suassuna, que aconselhara, diante do descontentamento do artista com a obra que estava realizando, um "mergulho no mundo do cordel e dos gravadores populares". O artista abandona assim os temas meramente pictóricos e assume os enredos do imaginário cordelista, cuja poética envolve uma infinidade de conflitos humanos e toda a simbologia do sagrado e do sobrenatural. Soma-se a isso, ou disso decorre, uma tipificação heráldica de suas figuras — principalmente quando retrata míticos animais —, dando aos seus temas uma imponência verdadeiramente armorial, o que o transforma no mais importante nome das artes plásticas no Movimento fundado por Ariano Suassuna em 1970. Muitas gravuras desse período poderiam ser iluminuras de livros de literatura fantástica, em que personagens se misturam com aparições de bichos e figuras lendárias. A partir de então, a conquista de uma linguagem própria e a utilização de temas universais colhidos em lendas e mitologias cruzam-se com a riqueza de suas fontes regionais[13].

Samico costuma dizer que uma das razões para o uso da cor em suas gravuras talvez seja a sua "frustração de pintor ou de não pintor". A afirmativa pode soar divertida ou mesmo modesta, mas revela uma observação crítica que nos permite criar pontes entre a sua gravura — amplamente conhecida — e a sua pintura, obra quase secreta, restrita ao acesso de poucos eleitos. No campo da gravura, essa relação é mais facilmente apreensível nas obras do período de sua iniciação no universo do cordel (começo da década de 1960). Em trabalhos desse período, não obstante o elenco de serpentes, leões e pássaros que vêm habitar suas matrizes, os temas quase sempre remetem a ambiências da pintura. Gravuras como *João, Maria e o pavão azul* (1960), *Francisco e o lobo de Mântua* (1960), *A virgem da palma* (1961), *A tentação de Santo Antônio* (1962) ou mesmo *A louca do jardim* (1963) são construções que bem poderiam ter sido solucionadas em seus quadros a óleo. Isso fica

[13] É nesse momento que se torna fundamental o seu estudo da trilogia *Memória do fogo*, do escritor uruguaio Eduardo Galeano, que lhe inspirou riquíssimas gravuras.

latente, até por contraposição, quando, em 1964, ele grava *O triunfo da virtude sobre o demônio*, *Apocalipse* e *O pecado*, obras que definitivamente assumem traços e elementos exclusivos de sua linguagem gráfica que, agora sim, irá se estabelecer com a compartimentação dos espaços, o paralelismo e as imagens refletidas — *Suzana no banho* (1966), *A luta dos anjos* (1968).

Um elemento inquietante merece comentário diante de qualquer obra de Samico. Como se pôde notar no parágrafo anterior, os nomes de algumas de suas gravuras bem que poderiam ser títulos de histórias de cordel ou criações de algum encenador em cujo teatro convivessem as fantasias do profano e os mistérios do sagrado. Embora, no segundo caso, seus batismos divirjam da criação teatral exatamente no ponto que mais os enriquece. Enquanto no teatro parte-se para a montagem do cenário e ensaio dos atores depois de conhecido o texto (e por isso mesmo sabendo-se, via de regra, o nome da peça), em Samico o título se dá, na absoluta maioria das vezes, após a finalização de todo trabalho. Parece óbvio, mas explico. É que o tema ou as figuras que o impulsionam a começar um desenho não se relacionam, necessariamente, com o tema final que será concebido, pois ocorre a introdução (ou substituição) permanente de personagens na cena. Assim, mesmo partindo de uma ideia presumidamente lírica ou dramática, ou mesmo de uma lenda, ele pode chegar, após a inserção de um elemento heráldico ou a partir da metáfora de símbolos e figuras específicas, a um título épico, imperscrutável até uma longa reflexão. Em outros casos, talvez mais curiosos ainda, o título escolhido reacende uma avalanche de interpretações que surpreendem o próprio autor. É o que sucede, por exemplo, quando ele explica o processo de batismo da gravura *O retorno* (1995): "Ela tem uma serpente de um lado, um peixe do outro, uma figura central de um pássaro superposto a uma cruz. Na base, um vegetal, folhas em chamas. No estudo não tinha essa cruz. A figura central era um pássaro de asas abertas, com um ornato, uma estilização de flores. Aí me vem de repente que o pássaro de asas abertas está lembrando a crucificação. Então botei uma cruz atrás. Acrescentei em cada asa uma espécie de olho que pode lembrar sutilmente as chagas das mãos de Cristo. Ninguém ainda identificou aquilo como chaga, eu é que na minha conturbada cabeça fiz esse tipo de associação. Eu estou falando isso agora porque estou tentando chegar a um ponto de análise, de constatação. Mas no momento de criar não existe nada disso. O título foi que gerou toda essa especulação."

Partindo dessa análise e acompanhando a psicologia de sua composição através de inúmeros estudos, percebe-se outro elemento enriquecedor. Na gravura *O retorno* — obra citada anteriormente — as soluções plásticas, assim como as figuras nela inseridas, conjugam-se de forma a fornecer metáforas para as mais diversas interpretações. Nesse caso específico, seguindo as pistas do próprio Samico, há a evidência de elementos — o peixe e a serpente — que nos levam a considerá-los símbolos religiosos. Essas figuras, ladeando uma cruz central como se fossem o bom e o mau ladrão, apontam para uma ave que se superpõe à cruz numa referência quase obrigatória à simbologia do Espírito Santo. Por outro lado, se analisamos os estudos preparatórios de uma determinada gravura antes de chegarmos ao desenho na madeira, observamos que, primeiramente, inúmeros elementos são postos e retirados do papel obedecendo exclusivamente a critérios de equilíbrio, harmonia, complementação, ou ainda a razões tão subjetivas que talvez nem mesmo o artista possa constatar. Esses critérios, ao mesmo tempo que independem do tema central, permitem que novas figuras, às vezes inexplicáveis à luz de uma investigação lógica, sejam inseridas na cena enriquecendo-a de tal forma que o título da obra apenas abre janelas para enredos com mil e uma possibilidades. Perde-se o contato com qualquer referência ou fabulação conhecida da qual a ideia possa ter partido, e chega-se a um novo patamar de criação, onde é a habilidade de Samico que o orienta, legitimando, para nós, o nascimento de uma mitologia particular.

Ainda no campo da análise semiótica ou estrutural poderíamos suscitar dois elementos dentro de seu processo. O primeiro tem a ver com o sentido antropológico de suas criações, pois em quase todas as gravuras podemos encontrar a figura do homem e/ou da mulher — nunca de crianças —, sejam nus ou vestidos de forma atemporal, o que torna impossível relacioná-los a qualquer época ou lugar. Esses personagens podem ser "reais" (caçadores, guerreiros, amantes) ou "mitológicos" (sereias, anjos, demônios). Portanto, assim como os animais que se transmudam em pavões encantados ou em onças e cavalos alados, as figuras de homens e mulheres também podem ter asas ou surgir do facho de luz de uma estrela, encantados pela mesma magia que faz nascer das pernas de uma mulher dois peixes que são fontes de água para a vida (*A fonte* — 1990).

O segundo ponto dessa observação pode ser exemplificado por seis gravuras: *O senhor do dia* (1986), *O retorno* (1995), *O sagrado* (1997), *Fruto-flor* (1998), *O devorador de estrelas* (1999) e *A conquista do fogo e do grão* (2010). Nessas obras não há a presença da figura humana. Não há sequer elementos que possam sugerir esta presença do homem, como um navio que passasse no horizonte. Aqui, o único elo com aquela presença é a criação artística, e é Samico, como mentor de uma encantada zoologia, a força de sustentação desse elo. Essa questão, creio, abre espaço para inúmeras reflexões de ordem literária ou estética, associações com filosofias, com poetas como Ovídio, fabulistas como Esopo, e toda uma mitologia específica do zoomorfismo.

Mencionei a questão da atemporalidade dos personagens de Samico. Quero abordar rapidamente este aspecto. Antes, porém, fixemos um detalhe. É o próprio artista quem nos confessa que, a partir de certo momento, sua gravura perdeu "o sentido de profundidade, de perspectiva". Essa unificação de planos se dá progressivamente, ainda que de forma rápida, quando a estética de Samico deixa para trás a organização espacial clássica da pintura e adota a técnica dos gravadores de cordel, na qual tudo parece estar num mesmo plano. É também nesse momento que elementos relacionados ao tempo (a recordação, o sonho, o real) são representados em compartimentos estanques no corpo da obra, e nessa compartimentação presumem-se mapas e calendários. Com a mesma inteligência, os volumes perdem a preocupação ou a solução pictórica dos relevos — traço que ainda resiste em *João, Maria e o pavão azul* (1960) —, assumindo um modo de representação próprio da pintura egípcia antiga, na qual os personagens estavam quase sempre de perfil, e os gregos ainda não tinham desenvolvido a técnica do escorço. Por outro lado, os ambientes das novas gravuras começam a perder referências arquitetônicas (ainda presentes em *O urubu de Pedro* [1963] e *O triunfo da virtude sobre o demônio* [1964]) ou mesmo geográficas, eventualmente apresentando uma flora fictícia ou que poderia brotar em qualquer região do planeta. Quanto ao tempo cronológico ou histórico, tampouco se pode afirmar em que época se passa qualquer cena desse novo universo, uma vez que roupas, objetos, armas e barcos tanto podem nos remeter a um passado sem data ou aos planos da pura fantasia. Nesse quesito, ou, mais especificamente, com relação aos barcos que navegam as águas dessa fantasia, o desenho sempre nos remete a um velho itá que até hoje navega as reminiscências dos que partiram do norte em direção ao Rio de Janeiro (*O barco do destino e as três garças do rio* [1965] e *O rapto do sol* [1984]), assim como, de um lado oposto, nos lembra a arquitetura náutica egípcia (outra vez o Egito) ou as embarcações que cruzavam o rio São Francisco com carrancas encimando suas proas. Aqui, o tempo e o espaço são cartas de um baralho que Samico habilmente maneja em sua criação.

O DEVORADOR DE ESTRELAS [THE STARS EATER] 1999 [93,5 × 55,6 CM]

Refletindo sobre aspectos já comentados aqui, retorno ao terreno mágico de suas fontes, em particular ao universo das lendas. Ele diz: "O que me interessa nessas lendas são os absurdos. Mais do que a própria lenda. Há também a questão de que as lendas são universais, elas podem pertencer a qualquer povo, em qualquer época e lugar." Um exemplo da universalidade de que fala é *A Via Láctea*, lenda narrada no primeiro volume da trilogia de Galeano e que deu origem a duas gravuras recentes – *Via Láctea – Constelação da Serpente* (2005) e *Via Láctea – Constelação da Serpente II* (2008). A história conta que numa determinada tribo, em tempo e lugar remotos, um índio criava uma minhoca dando-lhe para comer corações de pássaros. Logo a minhoca cresceu e quando não havia mais pássaros para alimentá-la o índio matava jaguares para o que já se tornara uma serpente gigante. Um dia, o bicho descomunal passou a exigir corações humanos. Conta a lenda que "o caçador deixou sem gente a sua aldeia e as comarcas vizinhas" até que outros índios o mataram. "Acossada pela fome e pela saudade" e decidida a vingar a morte de seu dono, "a serpente enroscou seu corpo em torno da aldeia culpada, para que ninguém pudesse escapar". Os homens, então, lançaram flechas de fogo contra o animal que não parava de crescer, mas ninguém se salvou. Finalmente, "a serpente resgatou o corpo de seu pai e cresceu para o alto. E lá se vê, ondulante, eriçada de flechas luminosas, atravessando a noite". A história é de uma beleza tocante, e em sua singularidade poderia representar a gênese de todo o universo.
Assim como as lendas que recria graficamente, as razões de Samico para não se importar com o tempo ou o lugar desses registros são igualmente tocantes: "Eu não escolho a origem das lendas. Desde que mantenha a minha integridade, a do meu fazer, da minha maneira de ver, não me importa onde ou quando surgiu a história. Porque eu a trouxe para cá, fiz com que ela pertencesse ao meu mundo. A verdade é que me encanto com essas narrativas. Da mesma forma que já fiz gravura baseado em literatura de cordel, às vezes há uma lenda indígena de onde tudo se origina. Estou dizendo isso a você porque você está esmiuçando a coisa, mas se alguém examinar sozinho, acho muito difícil essa pessoa dizer que aquilo é sobre tal lenda conhecida. Isso porque os elementos são simplesmente sugeridos. Tudo acontece muito de acordo com a minha cabeça. A maneira de solucionar não é descritiva. Então, assim como eu já contei uma história de cordel, por que não conto a história de uma lenda ou de um povo?"
Ainda sobre o tempo e lugar dessas lendas, assim como de símbolos e outros elementos que seriam impossíveis de serem encontrados no Brasil, Samico diz: "Uma vez eu fiz uma gravura chamada *Luzia entre feras*. Coloquei um leão de um lado, um tigre de outro e uma onça junto com eles. Alguém poderia dizer: 'A onça eu sei, mas tigre e leão não existem aqui.' Ora, o gravador popular não teria nenhum preconceito em pegar um bicho que não é daqui e colocar na gravura dele. Porque mesmo pensando em cultura brasileira, do que veio de fora e integrou-se aqui – não digo agora, porque a invasão foi demasiada, mesmo incomodativa –, mas o que a gente teve de tradição, foi o que criou esse caldo, essa sopa, e eu me sinto pertencente a essa coisa. Então, por que não? Agora, se eu estivesse fazendo uma arte visivelmente macaqueada, chupada da América do Norte ou da Europa, seria outra coisa. O que eu uso é quase uma abstração, e por incrível que pareça, até a lenda indígena tem parentesco com outras lendas, é também universal. Esses mundos separados têm uma identidade muito grande. Por exemplo, a coisa do nascimento e da virgindade, que está na própria Bíblia, a gente encontra nas lendas: uma mulher que era uma ave e que pariu uma criança… Portanto, há uma constante identificação nesse mundo primitivo…"
Um terceiro exemplo para uma análise dos processos de recriação de Samico – ainda a partir de histórias narradas por Eduardo Galeano – é a gravura *A caça*. Sobre esta obra-prima, realizada em 2003, percebemos que ao utilizarmos o termo "recriação" não o fazemos de forma circunstancial, mas em virtude da riqueza de elementos que, também aqui, recontam a história primitiva dando-lhe uma ascendência universal. Assim, enquanto a lenda *A festa*, que deu origem à gravura, conta a história de um esquimó que persegue renas e é atacado por uma águia, na obra

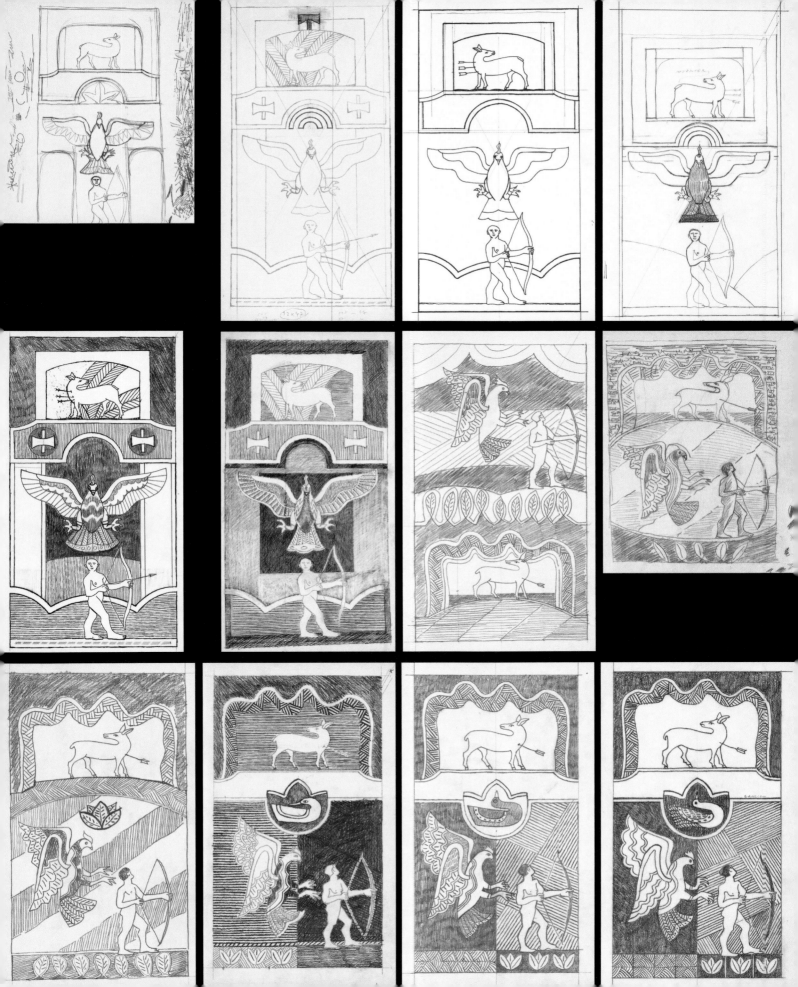

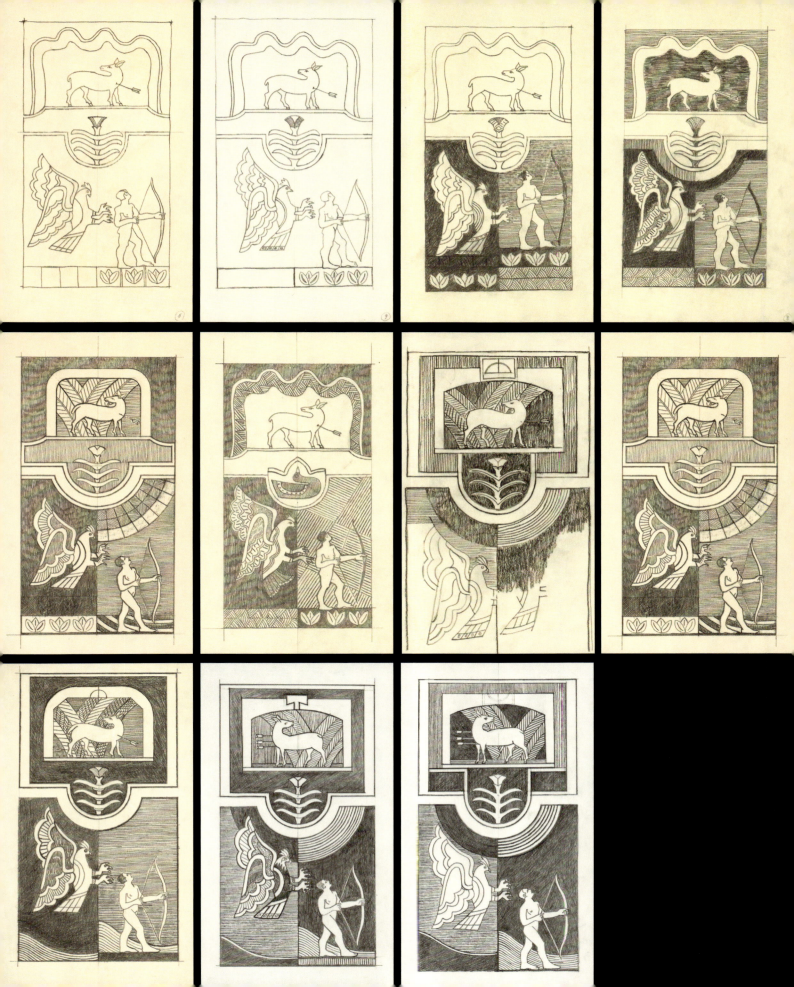

de Samico é um índio nu, habitante de qualquer tempo e lugar, que caça um cervo igualmente inespecífico. O pássaro que surge na iminência do ataque pode ser realmente uma águia, comum em quase todos os continentes, mas também pode ser um falcão, um condor ou até um carcará do nordeste brasileiro.

Contrapondo-se às liberdades da pintura, onde todos os erros podem ser corrigidos, o ofício do gravador exige paciência e precisão para que os inúmeros estudos preliminares, muitas vezes realizados em dezenas de papéis, encontrem a versão final que será transferida para a madeira de forma definitiva. Ainda assim, a introdução de detalhes em cores, seja num mínimo friso ornamental ou em partes maiores de uma flor ou de uma estrela, só é decidida quando toda a gravura já foi terminada. E já que falamos em estrela, esse é mais um elemento carregado de significado no universo mágico de Samico. Para ele, todas as estrelas de suas gravuras — mesmo aquelas colhidas nas lendas dos livros de Galeano — remetem à estrela de Lampião, o cangaceiro nordestino, e portanto ao amuleto, ao símbolo que dá força. E sobre essa distinção, explica: "Quando você tem essa estrela no pescoço, você se sente protegido." Mestre em seu ofício, Samico afirma que a gravura foi praticamente "um acidente de percurso" em sua vida. Reconhece, no entanto, que acidentes nem sempre podem ser remediados: "A gravura não permite que eu erre. Se retiro um pedaço errado da madeira, não tem mais jeito." Esse rigor é sua obsessão e isso alimenta a força de sua poesia. Como um Quixote que sonha sua Dulcineia ou um Dante que recorda sua Beatriz, ele segue à procura da definitiva tradução para cada história que decide gravar. Diz que sua obra-prima jamais será realizada, mas sabe que no fundo do seu delírio o sentido da arte é o sentido da vida. A lenda interminável da criação é o elevado sentido de sua fantasia poética.

O PINTOR SECRETO

Em 1991, em uma de minhas primeiras visitas a casa de Samico para colher um depoimento seu sobre a escultura de Brennand — que, assim como Samico, também é pintor e desenhista —, fiquei surpreso e impressionado com as pinturas que vi nas paredes de sua sala. Todas eram assinadas por ele. Até aquele momento, assim como para a maioria das pessoas que já haviam tido contato com o nome Samico, a sua obra, para mim, era eminentemente em gravura. Não poderia haver outra — e tão completamente desconhecida. Mas ali, vendo seus quadros, eu tive a certeza de que estava diante de um pintor completo, de um pintor que por algum mistério se recusava a rivalizar com o gravador que morava na mesma casa e assinava com o mesmo nome.

Talvez os pontos em comum entre Samico e Brennand reflitam a grandeza de seus talentos. Mas há algo maior e evidente. Este algo é o silêncio, ao mesmo tempo fértil e opressor, assumido por seus temperamentos e imposto pela sombra da gravura em Samico e da escultura em Brennand. Basta dizer que até hoje, passados mais de cinquenta anos dos prêmios de pintura recebidos por Brennand em Salões e Bienais e mais de dez anos desde a inauguração de um museu dedicado a sua pintura e ao seu desenho, persiste o desconhecimento de sua obra gráfica e pictórica. Com Samico não é diferente, embora a exposição de sua pintura, até o momento em que escrevo, limite-se às paredes de sua sala.

Como em sua gravura, o universo da pintura de Samico transcende referências imediatamente apreensíveis. Assim como há uma tendência natural em associar todo seu projeto gráfico aos signos e reminiscências do cordel — já há muito transfigurados e enriquecidos por sua invenção, como já vimos —, não será incomum surgirem reduções que considerem a sua pintura apenas como uma reprodução, em óleo sobre tela, de suas próprias gravuras. De qualquer maneira, a perda de foco se deve mais ao excesso de distância do conjunto da obra do que de um erro de análise e interpretação. Isto porque, em grande medida, os observadores que têm ou tiveram acesso a apenas uma parte de sua pintura podem escorregar diante de portas falsas. Por isso mesmo, para iluminar esta sala e não condenar por completo aqueles que cometem *pecadillos*, divido a pintura de Samico em três grupos: paisagens e naturezas-mortas; retratos; universo do encantado ou da literatura fantástica. Apenas neste último, que utiliza as mesmas fontes de sua gravura, as relações são facilmente percebidas.

O exercício da pintura para Samico começou bem antes de qualquer aproximação com a gravura — técnica que o notabilizou com merecido reconhecimento. Logo após os desenhos da adolescência, o contato com as tintas e os pincéis foi uma consequência natural. O jovem desenhista queria ser pintor e dedicou-se a isso. A afirmação repetida por ele em diversas entrevistas, de que se tornou gravador por acaso, deve-se também ao fato de que a gravura seria, no princípio, apenas uma técnica a ser estudada nos cursos de Abelardo da Hora no Atelier Coletivo. Mas logo as placas de gesso e os linóleos gravados revelaram tamanha luz que seguir adiante foi inevitável. Por outro lado, frear as habilidades do pintor seria um desperdício. Assim, junto com outros alunos do Atelier, o jovem Samico participava de cotas para a compra de telas, pincéis, tintas, e pintava quadros num exercício diário e discreto. Quando se dirigia aos terrenos e campinas do bairro de Afogados para captar paisagens urbanas, obedecia a uma cronologia quase particular para a inserção de elementos em suas telas: primeiro desenhava as figuras, em seguida a paisagem, e depois pintava os dois. Quanto aos pintores modernos que passou a conhecer, a maioria lhe foi apresentada através dos livros da Sociedade de Arte Moderna do Recife, que frequentou. Ali descobriu a pintura de Di Cavalcanti, Lasar Segall, Anita Malfatti, Vicente e Fedra do Rego Monteiro, Portinari, Djanira, Guignard e, de maneira especial, a de José Pancetti, por quem desenvolveu uma forte admiração. Alguns quadros de Pancetti Samico viu pessoalmente numa exposição realizada na Sociedade.

De alguma maneira, a relação de Samico com a pintura tem sido constante ao longo da vida. Mesmo nos hiatos em que o afastamento do cavalete se impõe por obrigações da gravura, o pensamento pictórico está presente. Em sua estadia europeia — quando não fez gravações — fez desenhos, aquarelas e alguns quadros a óleo. Muitas dessas obras se perderam no caminho, foram doadas ou simplesmente ficaram para trás. Depois de seu retorno da Espanha, continuou pintando num ofício silencioso, o que atenuava o duro e obstinado trabalho do gravador. Em períodos distintos, a produção pictórica foi maior ou menor do que a de gravura, dependendo de variáveis circunstanciais que envolviam amigos, família, relógios e calendários. O tempo, em sua construção, sempre foi escasso e finito para Samico. Dos quadros que hoje fazem parte de seu acervo pessoal, a maioria jamais foi exposta ou sequer vista por amigos mais próximos[14]. São quadros pintados a óleo em suportes como tela, madeira, duratex e papel. Entre aqueles assinados na década de 1950 — retratos de familiares e algumas figuras imaginárias — um autorretrato com bigode, de 1956, é um registro raro de quando o pintor ainda não usava barba.

14 Este livro reúne e apresenta pela primeira vez parte significativa da obra em pintura de Samico, até aqui inédita em qualquer publicação.

AUTORRETRATO COM BIGODE [SELF-PORTRAIT WITH A MOUSTACHE] 1956
ÓLEO SOBRE PAPEL [OIL ON PAPER] 49,5 × 32,5 CM

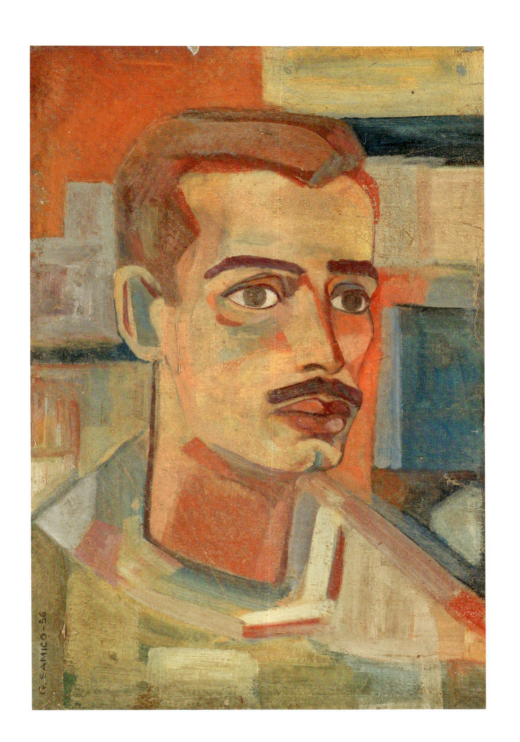

Todas as obras têm a marca da pintura moderna da primeira metade do século XX. Nesses retratos as figuras quase sempre estão sós — há poucos exemplos de mais de uma figura numa mesma cena, embora primorosos —, e em cada um pode-se perceber o desenho apurado e a riqueza de sombras e luzes. Sua paleta, assim como o tratamento meticuloso dado ao desenho ou ao pano de fundo, é a de um pintor brasileiro consciente dos sofisticados recursos do expressionismo europeu, especialmente o que se fez na Alemanha até então. A profusão de cores e detalhes num único retrato enriquece-o como nos dos melhores mestres daquele período. Já a partir dos anos 1960, ressurgem na obra de Samico naturezas-mortas cuja simplicidade e economia de elementos remetem a pintores como Braque, Morandi ou até mesmo Cézanne — o que sugere reminiscências cubistas em alguns quadros — mas também, mais uma vez, a Pancetti, que pintou naturezas-mortas tão especiais quanto seus retratos e marinhas. Em ambos resiste a luminosidade das cores, embora, em Samico, em planos mais uniformes e contidos. A década de 1970 será de menor produção pictórica, o que talvez prenuncie a fértil safra dos anos 1980, quando Samico volta a pintar paisagens, agora fazendo parte de um grupo de pintores pernambucanos que durante algum tempo fez excursões ao ar livre[15]. Nessas viagens de um só dia, que duravam até o cair da noite, ele pintou marinhas que estão entre as mais particulares da arte brasileira. Em cada uma há o registro do silêncio transmudado em luz, um silêncio que quase se pode ouvir, como aquele que ilumina as areias de Pancetti. Aqui, a admiração do pernambucano pelo pintor-marinheiro paulista renasce como um tributo. Admiração que acende um sol forte e pessoal revelando mestria de virtudes inquestionáveis. Somente por suas marinhas Samico já seria considerado um mestre sob qualquer julgamento.

A partir da segunda metade dos anos 1990, Samico se dedica à pintura de ateliê, onde o isolamento e a proximidade com seu universo gráfico sugerem novas experiências. Agora os seus motivos não são mais figuras ou paisagens que se prestam como modelos observados à distância, mas serão os personagens e paisagens imaginados, irreais, fabulosos ou fantásticos que se encontram em suas gravuras. Nessas pinturas que avançam sobre o século XXI reconhece-se, agora sim, os ambientes fechados, sejam compartimentados — lembremos os rebatimentos e os paralelismos da gravura — ou em planos de um teatro mágico onde sucede algo que é claramente narrado. Não há a organização estrutural clássica ou moderna da pintura — presente em suas obras

15 A maior parte dos quadros desse período registra paisagens do litoral norte de Pernambuco, principalmente a partir de Vila Velha, na Ilha de Itamaracá, a cinquenta quilômetros do Recife. As excursões daquele grupo de pintores seguiram até o começo da década de 1990.

anteriores — com volumetrias, perspectivas e pontos de fuga. Esses quadros claramente recriam o universo inventado por ele na madeira e no papel, ou, inversamente, revelam e ampliam o veio seminal do universo daquelas gravuras. Aqui se encontram, outra vez, as lendas de Galeano, os sonhos imemoriais de culturas distantes e toda uma cosmogonia de símbolos e personagens que nos fazem reconhecer — cientes de sua obra gráfica — o seu criador. Quanto à justificativa dada certa vez por Samico de que a inserção de cores nas gravuras se dá em virtude de uma frustração de pintor, esses quadros o redimem de qualquer frustração: suas tintas explodem vigorosas, febris, numa demonstração de vida que ilumina toda sua arte.

Citei as relações que percebo entre as pinturas de Samico e de Pancetti. Mas, além de convergências ou sintonias estéticas pontuais e específicas — provavelmente nascidas de identidades subjetivas desde o primeiro instante em que Samico viu uma pintura de Pancetti[16] —, há coincidências nas biografias dos dois que, combinadas a temperamentos muito íntimos — que vão até o modo de ver a luz e o silêncio na superfície das coisas —, construíram outras semelhanças. Se a origem humilde ou os labirintos de seus relacionamentos com a figura paterna já não bastassem para marcar de forma parecida sensibilidades tão agudas, há algo mais. Lembremos que assim como o marinheiro-poeta teve uma experiência relativamente curta com os pintores do "Núcleo Bernadelli" — grupo de jovens artistas orientados pelos pintores Manuel Santiago e Bruno Lechowsky —, Samico não passou muito tempo com Lívio Abramo em São Paulo ou com Goeldi no Rio de Janeiro. Com o segundo, não durou mais que um mês em seu curso de gravura no subsolo da Escola Nacional de Belas Artes. Finalmente, Samico e Pancetti receberam, em categorias distintas, o maior prêmio do Salão Nacional[17], o de viagem ao exterior, embora Pancetti, por razões de saúde, não tenha usufruído da premiação. Mas é exatamente nessa proximidade das instituições oficiais que reside a maior semelhança entre os dois: embora — ou apesar de — essa aproximação sugerir obras sintonizadas com os cânones e normas da arte acadêmica, seus quadros se distanciam tanto das regras ortodoxas quanto das transgressões das vanguardas. E ainda que se construam sobre o terreno firme da iniciação erudita, assumem a sua própria condição de autonomia e invenção, de gênio e expressão típicos de talentos únicos.

Ao sublinhar os elementos superiores da pintura de Samico, desvelando-a do incômodo desconhecimento ao qual foi submetida por razões inauditas, não penso contrapor nem sobrepor sua obra pictórica à sua obra gráfica. Ao longo das últimas décadas, como sabemos, o próprio Samico permitiu, conscientemente ou não, que sua gravura fosse sinônimo de seu trabalho como artista, e assim a pintura tornou-se, até para ele, uma atividade quase secreta. Outras razões, alheias ao seu controle, podem ter contribuído para isso, como julgamentos equivocados ou ocupados demais por interesses que não lhes permitiam ver o belo. O mundo da arte, para quem está de fora, pode parecer um silencioso e pacífico lugar de criação e contemplação, mas não é bem assim.

Paradoxalmente, mesmo com a incalculável distância entre o seu reconhecimento como gravador e o seu desconhecimento como pintor, o número de quadros pintados por Samico foi, por razões óbvias, superior ao de matrizes terminadas. Talvez, não tenho certeza, o número de estudos para gravura, este sim, se equipare ao número de pinturas, mas diante da evidência de tantos quadros perdidos, seria difícil chegar a uma comparação acurada. De qualquer maneira, como em arte — assim como em poesia — não é a quantidade o que conta, estou certo de que, mesmo diante de um restritíssimo número de obras, sabemos estar diante de um grande artista. E aqui não posso deixar de pensar naqueles eleitos que, ao longo dos anos ou mesmo das horas em que Samico pintou tantos desses quadros, souberam fazer parte do seleto grupo daqueles felizes de que falava T.S. Eliot, os *happy few*. É esta a sensação que tenho ao olhar esses quadros. É esta a certeza que tenho ao terminar este livro.

RIO DE JANEIRO, 2011

---

16 A identidade de Samico com a estética e a luminosidade de Pancetti revelar-se-á até mesmo na forma como Samico passa a assinar os seus quadros. Como Pancetti, ele usará apenas o seu nome de família em letra de forma, geralmente ao lado do ano, no canto da tela.

17 Pancetti recebeu o prêmio de viagem ao exterior no Salão Nacional, em 1941, como pintor. Samico recebeu o mesmo prêmio, em 1968, como gravador.

DAMA COM LUVAS [LADY IN GLOVES] 1959 [36×29,6CM]

JOÃO, MARIA E O PAVÃO AZUL [JOÃO, MARIA AND THE BLUE PEACOCK] 1960 [24,5×31 CM]

ANUNCIAÇÃO [ANNUNCIATION] 1961 [28,3 × 26,3 CM]
A VIRGEM DA PALMA [THE PALM VIRGIN] 1961 [34,5 × 36 CM]

ALEXANDRINO E O PÁSSARO DE FOGO [ALEXANDRINO AND THE BIRD OF FIRE] 1962 [42,7 × 51,7 CM]

JUVENAL E O DRAGÃO [JUVENAL AND THE DRAGON] 1962 [45×59,5 CM]

CONVERSÃO DE SANTO HUMBERTO [SAINT HUBERTUS' CONVERSION] 1962 [44×52,5CM]

TENTAÇÃO DE SANTO ANTÔNIO [SAINT ANTHONY'S TEMPTATION] 1962 [34×44,7CM]
FRANCISCO E O LOBO DE MÂNTUA [FRANCISCO AND THE MANTUA WOLF] 1960 [39×31CM]

DANIEL E O LEÃO [DANIEL AND THE LION] 1961 [34,5 × 47,7 CM]
O URUBU DE PEDRO [PEDRO'S VULTURE] 1963 [40 × 53 CM]

O BOI FEITICEIRO E O CAVALO MISTERIOSO [THE WIZARD BULL AND THE MYSTERIOUS HORSE] 1963 [41,3×52,8CM]

A LOUCA DO JARDIM [THE MADWOMAN OF THE GARDEN] 1963 [37,2 × 47,2 CM]

O TRIUNFO DA VIRTUDE SOBRE O DEMÔNIO [THE TRIUMPH OF VIRTUE OVER THE DEVIL] 1964 [35×51CM]

A TRAIÇÃO [BETRAIL] 1964 [34,7×39 CM]
COMEDOR DE FOLHAS [LEAVES EATER] 1962 [48×42,7 CM]

APOCALIPSE [APOCALYPSE] 1964 [36×50,8CM]

O PECADO [SIN] 1964 [39×44 CM]

O BARCO DO DESTINO E AS TRÊS GARÇAS DO RIO [DESTINY'S BOAT AND THE THREE EGRETS OF THE RIVER] 1965 [38×53CM]
SUZANA NO BANHO [SUZANA IN THE BATH] 1966 [51,3×34,8CM]

LUZIA ENTRE FERAS [LUZIA AMONG BEASTS] 1968 [55×33 CM]
P.102 **A CHAVE DE OURO DO REINO DO VAI-NÃO-VOLTA [THE GOLDEN KEY OF THE KINGDOM OF GOING-FOR-GOOD]** 1969 [55×32,8 CM]
P.103 **NO REINO DA AVE DOS TRÊS PUNHAIS [IN THE KINGDOM OF THE BIRD WITH THREE DAGERS]** 1975 [74,7×41 CM]

Samico 1968 — "Luzia entre Feras" — Xilogravura P.A.

A LUTA DOS HOMENS [MEN'S FIGHT] 1977 [84,5 × 46 CM]
P.106 **O GUARDIÃO [THE GUARDIAN]** 1979 [91 × 40,2 CM]
P.107 **RECORDAÇÕES DE UM MALABARISTA [MEMORIES OF A JUGGLER]** 1976 [90 × 35,5 CM]

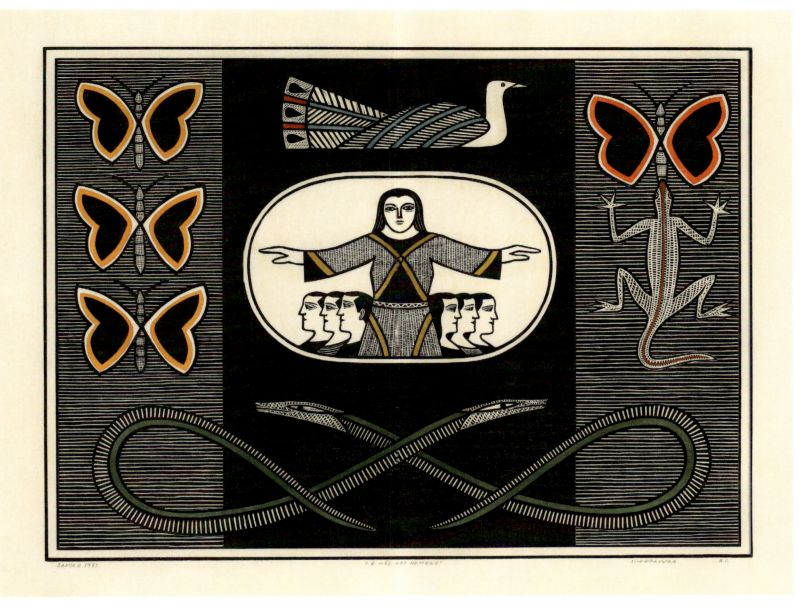

O ENCONTRO [THE MEETING] 1978 [73,5 × 50 CM]
A MÃE DOS HOMENS [MOTHER OF MANKIND] 1981 [52,4 × 69,5 CM]

O FAZEDOR DA MANHÃ [THE MORNING MAKER] 1982 [57,5 × 70,5 CM]
O OUTRO LADO DO RIO [THE OTHER SIDE OF THE RIVER] 1980 [90 × 47 CM]

A CRIAÇÃO DAS SEREIAS [THE CREATION OF THE SIRENS] 2002 [55,9 × 91,2 CM]
CRIAÇÃO – HOMEM E MULHER [CREATION – MAN AND WOMAN] 1993 [90,7 × 49,7 CM]
P.114 **O SONHO DE MATEUS [MATEUS' DREAM]** 1987 [90 × 50 CM]
P.115 **A DAMA DA NOITE [LADY OF THE NIGHT]** 1994 [90 × 49 CM]

O DIÁLOGO [THE DIALOGUE] 1988 [90,3 × 55,3 CM]
O SENHOR DO DIA [LORD OF THE DAY] 1986 [55,7 × 90,3 CM]

O SAGRADO [SACRED] 1997 [56 × 80,4 CM]
A FONTE [THE FOUNTAIN] 1990 [89,5 × 53,5 CM]

PRIMEIRA HOMENAGEM AO COMETA [FIRST TRIBUTE TO THE COMET] 1985 [55 × 90 CM]
A VIRGEM DOS COMETAS [THE VIRGIN FROM THE COMETS] 1991 [90,7 × 53,5 CM]

CRIAÇÃO – PÁSSAROS E PEIXES [CREATION – BIRDS AND FISHES] 1992 [90,5×50 CM]
P.124 **O ENIGMA [ENIGMA]** 1989 [89,8×50,3 CM]
P.125 **A BELA E A FERA [BEAUTY AND THE BEAST]** 1996 [91,5×47 CM]

O SEGREDO DO LAGO [THE SECRET OF THE LAKE] 1983 [56,2 x 92 CM]

FRUTO-FLOR [FRUIT-FLOWER] 1998 [90×50 CM]

AVE BICÉFALA [BICEPHALUS BIRD] 1999 [51,3 × 61,5 CM]
ASCENSÃO [ASCENSION] 2004 [93,2 × 53,5 CM]

RUMORES DE GUERRA EM TEMPOS DE PAZ [RUMORS OF WAR DURING PEACE TIME] 2001 [91,8 x 50,7 CM]

O FRUTO AMARGO OU A ILHA DO SONO [THE BITTER FRUIT OR THE ISLAND OF SLEEP] 2010 [93,7 × 55,6 CM]
O RAPTO DO SOL [THE ABDUCTION OF THE SUN] 1984 [57 × 90,8 CM]

A PESCA [FISHING] 2007 [93,5×51,8CM]

CRIAÇÃO – AS ESTRELAS [CREATION – THE STARS] 2009 [93,7×50 CM]
A ILHA [THE ISLAND] 2008 [54,5×94,5 CM]

VIA LÁCTEA – CONSTELAÇÃO DA SERPENTE [MILKY WAY – CONSTELLATION OF THE SERPENT] 2005 [56×94CM]
VIA LÁCTEA – CONSTELAÇÃO DA SERPENTE II [MILKY WAY – CONSTELLATION OF THE SERPENT II] 2008 [94×55CM]

JÚLIA E A CHUVA DE PRATA [JULIA AND THE SILVER RAIN] 2005 [93×52CM]

A ÁRVORE DA VIDA E O INFINITO AZUL [THE TREE OF LIFE AND THE BLUE INFINITE] 2006 [93×50 CM]

A QUEDA DO ANJO [THE ANGEL'S FALL] 1977 ÓLEO SOBRE DURATEX [OIL ON HARDBOARD] 122 × 53,5 CM

ALEXANDRINO E O PÁSSARO DE FOGO [ALEXANDRINO AND THE FIREBIRD] 1977 ÓLEO SOBRE TELA [OIL ON CANVAS] 150×200CM

O ENCANTADOR [THE ENCHANTER] 1977 ÓLEO SOBRE TELA [OIL ON CANVAS] 120 x 160 CM

TERRA PLANTADA [CULTIVATED LAND] 1986 ÓLEO SOBRE TELA [OIL ON CANVAS] 40×60CM
PRAIA [BEACH] 1985 ÓLEO SOBRE TELA [OIL ON CANVAS] 50×32CM

ITAMARACÁ [ITAMARACÁ] 1986 ÓLEO SOBRE TELA [OIL ON CANVAS] 40×50CM
CANAL DE ITAPISSUMA [ITAPISSUMA CHANNEL] 1986 ÓLEO SOBRE TELA [OIL ON CANVAS] 32,5×40CM

RUÍNA EM VILA VELHA – ITAMARACÁ [RUIN AT VILA VELHA – ITAMARACA] 1991 ÓLEO SOBRE TELA [OIL ON CANVAS] 60x80CM

MANGUEIRA DE NAZARÉ [MANGO TREE AT NAZARE] 1990 ÓLEO SOBRE DURATEX [OIL ON HARDBOARD] 61×75CM
MANGUEIRAS [MANGO TREES] 1989 ÓLEO SOBRE DURATEX [OIL ON HARDBOARD] 60×75CM

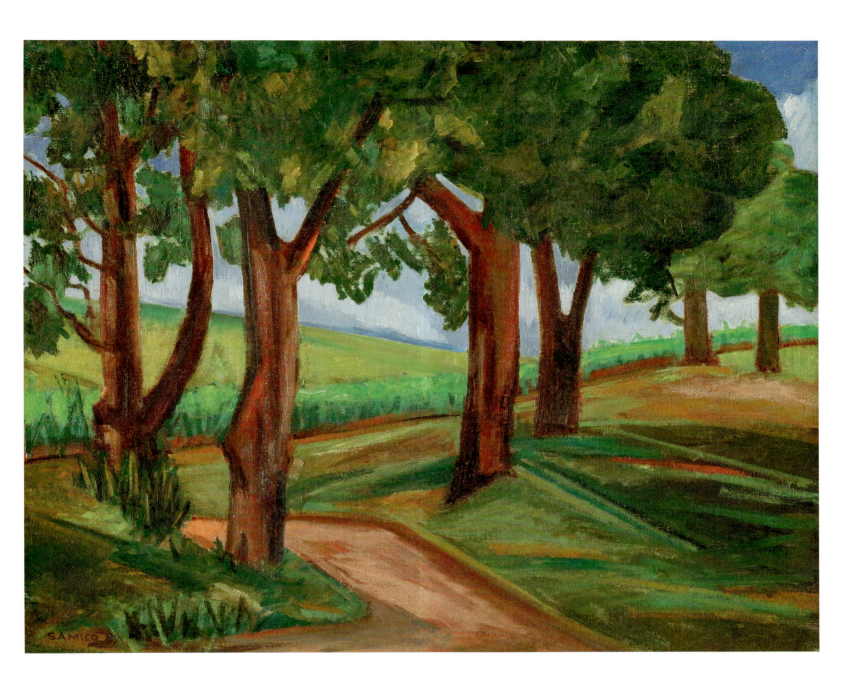

HISTÓRIA DO GALO DE OURO [THE TALE OF THE GOLDEN COCKEREL] 1999 ÓLEO SOBRE DURATEX [OIL ON HARDBOARD] 71×61CM

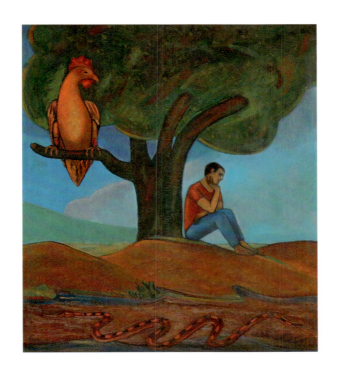

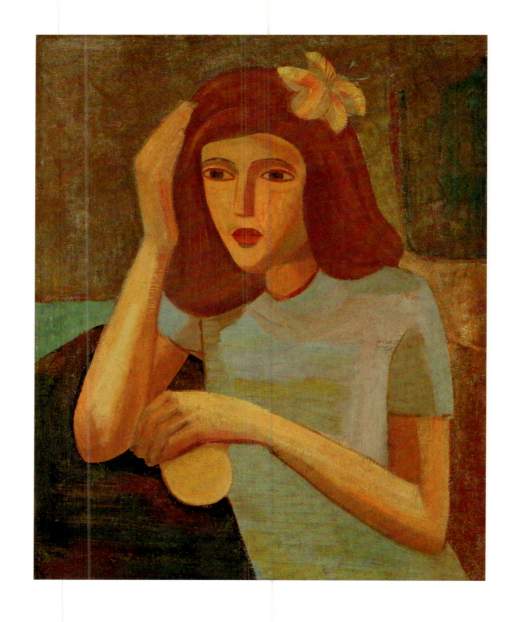

MENINA COM FLOR NO CABELO [GIRL WITH FLOWER ON THE HAIR] CIRCA 1953 ÓLEO SOBRE MADEIRA [OIL ON WOOD] 35×31CM
MENINA COM POMBO [GIRL WITH PIGEON] 1956 ÓLEO SOBRE PAPEL [OIL ON WOOD] 49×40CM

MULHER SEGURANDO PANO [WOMAN HOLDING CLOTH] CIRCA 1955 ÓLEO SOBRE PAPEL [OIL ON PAPER] 43,5 × 34 CM
FIGURA COM BRAÇOS CRUZADOS [FIGURE IN CROSSED ARMS] 1956/1957 ÓLEO SOBRE PAPEL [OIL ON PAPER] 54,5 × 40 CM

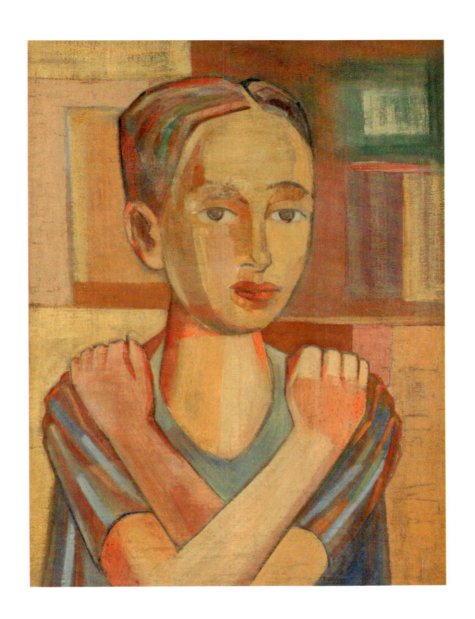

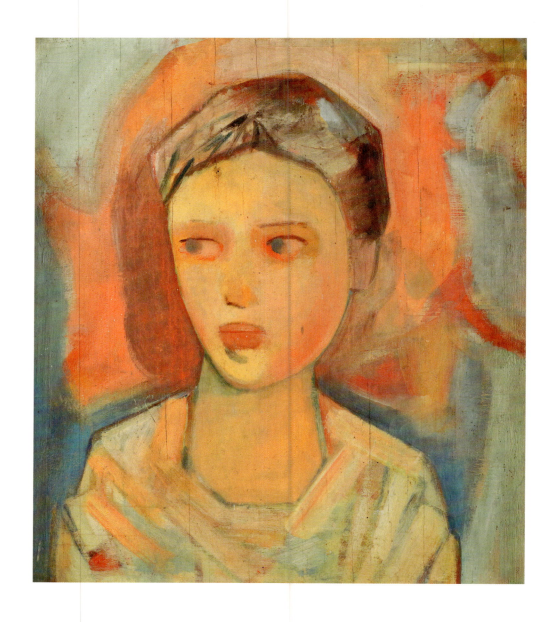

RETRATO DE CRIANÇA [PORTRAIT OF A CHILD] 1956 ÓLEO SOBRE MADEIRA [OIL ON WOOD] 40×35 CM
GÊMEOS [TWINS] 1959 ÓLEO SOBRE TELA [OIL ON CANVAS] 55×46 CM

PERFIL [PROFILE] CIRCA 1956 ÓLEO SOBRE PAPEL [OIL ON PAPER] 47×35CM
NATUREZA-MORTA COM BÚZIO [STILL LIFE WITH BUZIO-SHELL] 1956 ÓLEO SOBRE MADEIRA [OIL ON WOOD] 40×35CM

MULHER E GATO [WOMAN AND CAT] 1956 ÓLEO SOBRE DURATEX [OIL ON HARDBOARD] 70 x 56 CM
MENINA [GIRL] CIRCA 1956 ÓLEO SOBRE TELA [OIL ON CANVAS] 40 x 31 CM

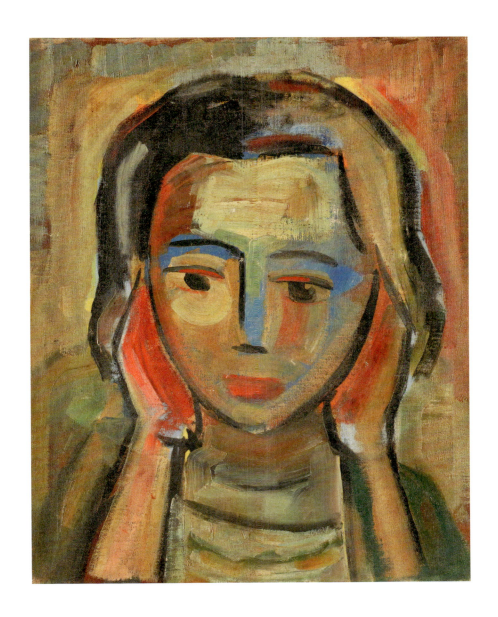

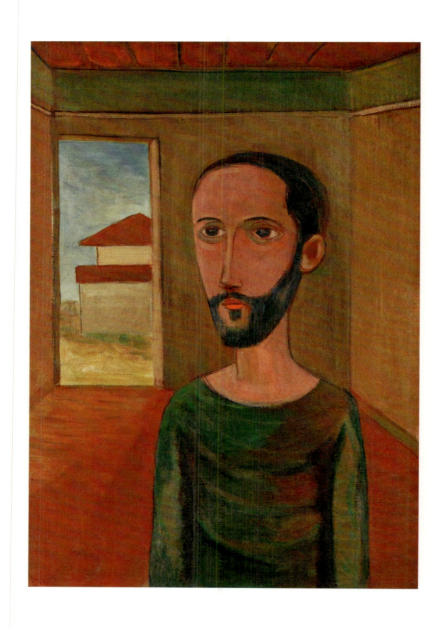

HOMEM COM BARBA [MAN WITH A BEARD] 1963 ÓLEO SOBRE TELA [OIL ON CANVAS] 55×38CM
DUAS FIGURAS OLHANDO O MAR [TWO FIGURES LOOKING THE SEA] 1952 ÓLEO SOBRE MADEIRA [OIL ON WOOD] 29×30,5CM

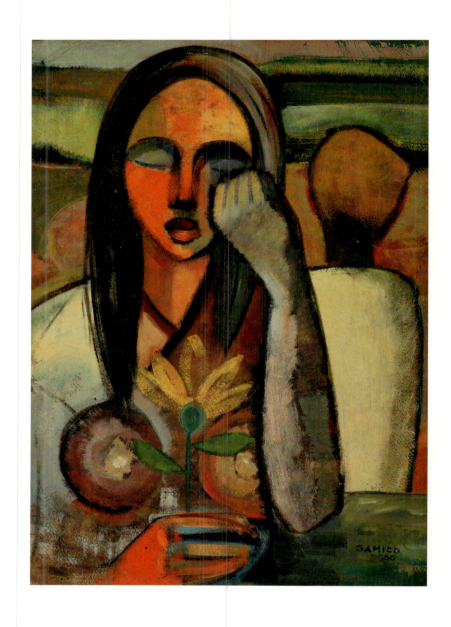

MULHER E FLOR [WOMAN AND FLOWER] 1956 ÓLEO SOBRE PAPEL [OIL ON PAPER] 50 x 35 CM
NATUREZA-MORTA COM FIGURA [STILL LIFE WITH FIGURE] 1956 ÓLEO SOBRE PAPEL [OIL ON PAPER] 51 x 35 CM
P.180 **NÃO LHE TOQUE [DON'T TOUCH HER]** OBRA EM EXECUÇÃO [WORK IN PROGRESS] ÓLEO SOBRE TELA [OIL ON CANVAS] 151,5 x 82 CM
P.181 **A PESCA [FISHING]** 2011 ÓLEO SOBRE TELA [OIL ON CANVAS] 152 x 82,5 CM

SAMICO AND I

ariano suassuna

Writing about Gilvan Samico is reasserting everything I have said about his work since the 1960s, in newspaper articles, in essays for magazines and books, in texts for exhibition catalogues and so on. Those who have followed my work as an essay writer — not as a critic, since I never felt obliged to keep the serene, castrated stance of the critic before a piece of artwork that sets my imagination on fire — more closely will know to what extent Samico's work fascinates me, and how it was decisive to me in establishing the poetics of the Armoria Movement, of which Samico has been, from the outset, a star of the highest stature.

In the eternal dispute between figurative and abstract artists, I have always been more inclined toward the first, as I believe that art should establish profound communication with reality — visceral and originating communication, but always, of course, of a corrective and fecund nature. Art making would thus be a transfiguration, a statement of the world, an attempt by the artist to reach, by means of rapture, to reality's nobler and higher truths. My fear, in this case — the same fear I confessed, in the 1950s, to my friend Aloisio Magalhães — was that independence from reality would lead to a certain formalism, a certain sterility, turning the act of painting into a pleasant yet somewhat pointless game.

In the early 1960s, I was sought out by Gilvan Samico, who, with the courtesy and humility which have always been his traits, asked for my advice on his drawing, painting and, above all, engraving work. That is when I told him to delve into the magic and poetic universe of Northeastern Chapbook Literature, a universe which would yield him, in my opinion — and time has not proven me wrong — an inexhaustible source of themes to be explored in his work, already so characteristically figurative, but deeply marked by European schools and styles such as expressionism.

In several occasions in the years that followed, Samico referred to this first meeting of ours, showing the great generosity of character and the lack of vanity which have always driven him, in this field that is so prone to all sorts of incomprehension, the field of the Arts.

Because it was in fact from that moment on, from a simple piece of advice, that Samico embarked on the initiation journey I have mentioned on several occasions, that which made him the greatest Brazilian engraver of all times. Samico already possessed all the requirements for such a journey — the power to unlearn other people's cosmovisions, imposed on us by cultural massification; the mind to distinguish the legitimate voices of his spiritual family; faith in himself, so as to cut his way, sometimes by the stroke of the machete, through the dense and thorny vegetation that appeared before him, clearing his own path in the rough and tyrannical terrain of beauty; the tenacity to persevere on his way, even when pseudo avant-garde spokesmen (the same that to this day build their sand castles) took him to be outdated and archaic.

By delving into the universe of Chapbook Literature and reencountering the roots of his blood, Samico could bring its Saints, Prophets, fire-birds, dragons, serpents, enchanted bulls and mysterious horses back to engravings of a truly impressive technical virtuosity, that give us the aspect of superb simplicity. There, in the stone Castle of his oeuvre, the landmark that he has built and ornamented with the colors of Brazilian culture, everything is personally re-created on the grounds of grandiose popular tradition; thus that new world, recognizable on first sight, but, also on first sight — for those of us who circulate in the field of art — revealing the unmistakable mark of its creator.

A great artist like Samico will never concern himself with "labels" that may at any time be cast over his work, in the vain attempt to reduce its originality or grandeur by comparing it to others in the same "style", the same "school" or even the same "movement". I do believe that, in the Arts, such terms have always been used at the convenience of each speaker. The connection to a "movement" will only be harmful to an artwork if it is lacking in vigor to speak for itself.

In that sense, to conclude this brief introduction, I would like to add that when I include Samico in the aisles of the Armorial Movement, I do so in the absolute knowledge that it is the Movement that is enriched by his presence, and not the other way round, as I am perfectly aware of the fact that I am dealing with one of those rare cases of a superior artist, a master of himself and a disciple of no one.

SAMICO
BETWEEN
POETRY
AND PAPER

weydson b. leal

At a very short distance from the Mosteiro de São Bento, in Olinda, a great three-storey house is Samico's home and workshop. When he moved there, the large façade did not have the same design it has today, and the walls still carried the marks of an old orphanage school. João Fernandes Vieira, hero of the Pernambuco Restoration — episode which culminated with the Dutch being expelled from Brazil in 1654 —, is supposed to have lived in that same house. Samico is amused by the possibility of this former tenant being true, but never made any public comment about that, as he considers Fernandes Vieira a "hero with no morals, worse than Macunaíma."

The property was purchased after the young artist's return from a seven-year stay in Rio de Janeiro, where he worked at the offices of the Pernambuco-born graphic designer Aloísio Magalhães. It was during that period that he met Oswaldo Goeldi, with whom he studied engraving for a month at the National School of Fine Arts (*Escola Nacional de Belas Artes*). For Samico, his move to Rio de Janeiro was almost accidental. In an unexpected encounter with Aloísio Magalhães, who at the time was on holiday in Recife in 1957, Samico told him he was moving to São Paulo, since he had just won the Sixteenth Pernambuco State Museum Art Show (*XVI Salão do Museu do Estado de Pernambuco*) and was looking for specialization courses and other art-related techniques at the capital of São Paulo state. Aloísio mentioned he was a friend of Lívio Abramo, engraver and professor of crafts at the São Paulo Modern Art School (*Escola de Arte Moderna de São Paulo*), and he would provide him with a letter of introduction.

The offer was duly accepted. Before boarding the ship that would take him to Rio de Janeiro, where he spent a few days at the home of a cousin before resuming his trip, yet another important encounter took place: Samico met painter Francisco Brennand[1], one year his elder and, like him, awarded a prize at Pernambuco's art shows, who offered him further introductions to the São Paulo arts scene, which he took along with Aluísio's letter.

Lívio Abramo was really Samico's second engraving teacher, since he had begun his learning with Abelardo da Hora in Recife a few years earlier. Once in São Paulo, the first contact with his new teacher took place at the newspaper where Lívio worked. After being properly introduced, Samico was granted a scholarship for the engraving course. The months spent in São Paulo were not easy ones. He shared boarding-house rooms with tenants who were not art students[2] themselves, and the cold nights were uncomfortable to someone used to the mild temperatures of Recife.

At Lívio Abramo's classes, the youngster from Pernambuco stood out as much for his talent as for his extreme shyness. As a result, he would choose to work at the desks way in the back of the room, where the light was dim. Six months later, when he ran out of the money he had brought from Recife, an invitation to live in Rio de Janeiro and the prospect of a job at Aluísio Magalhães's offices determined his moving to Rio[3].

When he returned to Pernambuco in 1965 — married and determined to settle down in Olinda —, he resumed his job as a public servant at the Social Security Institute for the State of Pernambuco Public Servants[4] (Instituto de Previdência dos Servidores do Estado de Pernambuco — IPSEP) and gave engraving lessons at the Federal University of Paraiba[5] (Universidade Federal da Paraíba) for the next eighteen months. Though he had found the house he was looking for and had his life fairly organized, he did not lived in it for long. Three years after his return, he was granted the Overseas Travel Award at the Rio de Janeiro Museum of Modern Art (MAM) Modern Art Show[6] (*Salão de Arte Moderna do MAM do Rio de Janeiro*) and set off to Spain the following year with his wife Célida[7] and his children Marcelo and Luciana. In Barcelona he settled with his family in a tiny cramped apartment, too small to set up an engraving workshop. The artist did not feel at ease at the odd environment of Catalonia. While there, he did not print a single piece. He made drawings, studies, watercolors, but time lingered and he found no joy in life. Upon his return to Brazil in 1971, he added the money saved during his European stay to a loan he took from IPSEP and finally begun improving the old building. Such improvement — he insists on pointing out — was made at a time when Olinda had not yet been granted World Heritage status, so that some intervention was still possible. The works lasted for almost two years. During that period, the family moved to a small house by the Olinda seafront, where he produced three paintings on canvas. The lack of dating on the engravings made between 1969 and 1975 is credited to the period of transition.

THE SECRETS OF WOOD

The house at 55, São Bento street exhales the art and life of Samico. On the first floor, a big-living room is illuminated by his paintings and engravings. At the back, a staircase leads to the main rooms of the house. On the third and last floor the drawing and printing workshops are to be found, and a work table is the center orbited by stacked wooden slabs, blank canvasses, oil paintings, prints, ongoing studies, easels, as well as a wardrobe with slim drawers where hundreds of completed pieces are stored. There are gouges, chisels, paper, square rulers and compasses. Besides the usual engraving tools, Samico also created his own, such as a gouge that stops the carved out wood from curling forward and covering the design while the surface of the slab is cut. As any inventor proud of his creation, he demonstrates the effect of his revolutionary instrument. Making various types of cuts over different kinds of wood, he shows off an unthinkable precision for anyone. He explains that gouges need to be sharpened for a perfect cut, and demonstrates "the ease and the difficulty" of each cut. The exactness and the delicacy of his strokes are also the result of the tools he invented, and thus devising his mystical universe, product of an artistic anthropophagy that processes legend, story and mythology, is supported by unmatched technique. The workshop on the third floor, however, is not Samico's sole working space. In the backyard, close to the kitchen, he keeps a sawmill for cutting and preparing his matrices. There he spends his hours between the tasks of the engraver and the craftsman, since, apart from the slabs he meticulously perfects for woodcut engraving, he also enjoys making furniture and other objects, including some precious marquetry pieces.

Like few other people, Samico is familiar with the particular attributes of numberless types of wood. In most cases, he knows them for their feel, their smell, their color. Before he choose the specific type he would use for his work, he tried everything, even the wood from fruit boxes, as suggested by Lívio Abramo during the hard days of São Paulo. In his lessons, for financial reasons, Lívio only used linoleum, but he did not oppose to others wanting to experiment with wood and even encouraged his student from Pernambuco: "Walk along the alleys that cross São João Avenue and you will find disposed apple boxes". It was then that Samico began to get materials for the very first woodcuts made in the capital of São Paulo. He soon realized that the white wood was too soft, which made working it too difficult. Even so, he managed to make woodcuts with unbelievable strokes for that type of fiber. In the end, the effort was worthwhile in his learning process.

One cannot say that there is an ideal wood for engraving. Samico says that "the best is each person's own". In the XIXth century, thanks to the English engraver Thomas Berwick, who created the so-called "end-grain" technique, the norm was to use a European wood called 'boxwood', which has a similar strain in the Amazonian forest. For Samico, however, an ideal world would allow him to always make use of Pequiá-marfim (*aspidosperma desmanthum*), a hard species which can stand the most delicate cut without breaking. Unfortunately, the pequiá usually found in Brazil is sold in very slim or narrow boards. That was the wood most used by Goeldi.

In his sawmill he keeps different types of wood. Everywhere there is a strong, peculiar smell. A piece of wood found on the table is smelled as if it were a flower. "This is determa (*Ocotea Rubra*), it has a nice scent, smell it" — and he offers me the sample as someone who is savoring a wine glass. "But there are woods that make you sneeze, and when you put them through the machine you feel a bitter taste in your mouth, your throat burns." After indicating various samples, he relishes on their colors and textures. Like a child, he is curious and collects almost useless things: "I keep many types of wood here. This one here, for example, is jackwood, which is not good for my woodcuts, as the fiber is too complex. But I keep it so I can use it for something else. Termites hate me, I compete with them all the time. I keep the stuff other sawmills would throw away".

But the artist also keeps large things, such as a machine that does not work. A huge machine. A machine with a history. Like a sleeping giant, the machine emerges from dust and sawdust after I ask why a carved slab — visibly the matrix of a beautiful woodcut — is apparently abandoned in a corner of the sawmill. Samico responds pointing towards the machine. He reminisces about his friend Giuseppe Baccaro, an artist and collector who in the course of years purchased rare books and art objects in auctions.

In one of those auctions, Baccaro had bought part of the machinery of the group One Hundred Bibliophiles of Brazil[8] (*Cem Bibliófilos do Brasil*), a cultural society in Rio de Janeiro headed by entrepreneur Raimundo Castro Maia, who published books illustrated by great Brazilian artists. The old machine was a press for woodcut and typesetting, bought in auction by Baccaro and later sold to Samico. Even though it was manual, the gadget executed most of the printing process virtually by itself. Samico tested it only once, with the very matrix that is now forgotten in a corner. Just after this experiment, there being no material for the maintenance of the machine, the mechanical printing was all but forgotten.

TALENT AND ART: THE TOOLS AND THE PAPERS OF CREATION

Samico's creative process is meticulous and slow. Before the definitive design for a woodcut, countless studies are made, detailed variations, trying with various sizes, inversions, deletions, everything generally beginning on small pieces of paper until they arrive at the piece that will be printed. This task takes months. There are changes in each version, sometimes radical ones, always an obsessive quest for balance. Time, in this process, is justified in a peculiar way: "I do not know how to work with deadlines, under pressure I'm afraid I'll go mad." The printing of each woodcut is made in a completely manual way, by him only, and the number of copies can go to a hundred and twenty. "Let it be known that there are artists who just draw the design and then hire someone to engrave. I draw, I engrave and I print."

The extensive time demanded by this work also owes to the fact that, besides the predominant black in his work, there are yet details in color to be inserted, which stress and brighten passages of the scene. In such cases, the time spent to impress a color stroke is no less than two hours per print. Here I use the word 'print' and not "copy" because, as Samico explains, just like in a book, each printed woodcut is an original in itself, and if a minute printing detail makes it different from the others — as long as it does not spoil it —, rather than simply making it distinctive, it enriches it, turning that print unique, as every book should be.

One of the secrets for the printing quality and durability of an impression is the paper. Samico grants it that there was a time when it was easier to find specific papers for each type of print, and recalls a certain "rag paper" made from linen fabric. The fabric, once it is turned into a pulp, results in a paper of outstanding quality. A master in his art, he is familiar with a whole range of papers that are suitable for print. He teaches that what we used to call "rice paper" is just made of the fiber of a Chinese plant (rice paper plant) in the same manner that paper is made from bamboo, mulberry bush, banana trees, and from other vegetal fibers. The paper he uses comes from Japan. The production is almost handmade, and Samico came to the conclusion that, on that specific material, the ink adheres better, the print is smooth, a result that he rarely achieves with the best industrialized paper produced in Brazil or any other country. But that is not all that guarantees him a firm stroke, free of flaws, free of blots or excesses. A thin stroke, free of printing accidents, results above all from the amount of oil present in the ink. An ink that is too oily produces a yellow halo on the limit of the printed line. Note that the ink used to print is not the same oil paint used on canvas. That paint, when applied in printing, is too slippery and will not adhere to the paper properly. Which takes us back to Samico the inventor. Unhappy with the size of some engraving tools available in the market — such as the painting rolls which caused him to take up to six hours to apply black properly — Samico developed a series of new gadgets in different sizes. "I know I spend an awful amount of time in this process of developing tools, but I have my rewards. Some people think it is not important, but it is a personal matter, I need to find these solutions. I even had people coming here to copy my tools to try and sell them around". Could this be the secret for a print so precise also in his colors? "It can be just me, who knows?" Goeldi, for example, used the regular process, the one where you rub." And on the table he performs a demonstration. "Note: when you make a print applying friction, the paper will necessarily acquire a certain shine because it is somewhat smoothed, it is something like polishing. Once a restorer from Paraíba came here and brought me a tool made with non-adherent material, which did not leave any gloss in the color. I thought: what about that mystery? And I began to use it. That is the secret. Before that, the colored areas of my prints, when looked at from behind, looked as if they had been polished, and in the black areas there was no polishing. If it is a very thin paper, like the ones I used to work on, the ink would penetrate to the other side in such way that I have been confused to the point of mounting a copy the wrong way round. I have seen that happen to other engravers, even Goeldi himself."

THE ARCHITECTURE OF DREAMS OR A SEMIOLOGY OF THE FANTASTIC
In a tour around his home, I stop in front of some prints and try to decipher symbols, looking for subjective meanings. Looking at Battle Of The Angels (A luta dos anjos), dated 1968 — granted the Overseas Travel Award on the Rio de Janeiro Museum of Modern Art (MAM) Modern Art Show —, I remember that an aesthetic watershed resides in his work: the issue of reflex, of parallelism, of the independent panes that communicate with each other, elements just hinted in Suzana In The Bath (Suzana no banho), dated 1966. Samico ponders that some of the new elements, such as the section split, had begun to appear on Suzana, but he reckons that in Battle Of The Angels — a fundamental piece for these new elements —, the reflection or the "bounce, the pendulum thing" is introduced. The balance between this "bounce" or the mirror sensation, is also owing to the manner in which he begins the first study for a woodcut. The first stroke on the paper is, as a rule, a central axis, a conduit whence all the images — and their doubles, their opposites, their rhymes and their balance — originate or "reflect". In some cases, a second line, a horizontal axis adds to the scene an even more rigorous balance, with reflexes on four planes. The conception of the scene, however, can happen in a chaotic, unpredictable, intuitive manner. The delineation of planes, for Samico, has the function of establishing limits to the composition. Still poring over Battle Of The Angels, he comments: "It is two different moments — on one side you have the everyday, ordinary universe, while on the other you enter the realms of... Well, there are things that I want to say but I'm not able to."
I insist. Could it be, I ask, a parallel between the real and the mystical world or something beyond that conflict? Samico observes that in the upper part of the woodcut there is a way to see reality, something more descriptive, a desire to say that while a bird offers a fruit to man, an animal disgorges something else. Yet at the bottom side "lies the sign, the symbol, the stat form thing." But the bottom line is the dichotomy between good and evil. I recall that in a more lyrical woodcut made in the same 1968 — Luzia Among Beasts (Luzia entre feras) — these signs are also suggested and materialized. From that point on, in a long course throughout more than forty years to his later productions, the elements of dream and fantasy are still present. Why? He laughs: "Because I'm a person who still believes in dragons."[9]
Dragon. For that word I decide to go back to the end of the 1950s, the period in which his style incorporates new solutions. It is also there that the use of color becomes evident, such as in Lady In Gloves (Dama com luvas, 1959). This is an extreme case, where the color is used in almost the entire scene (including the body of the figure), something that would not be repeated any other moment. From 2005, however, woodcuts such as The Tree Of Life And The Endless Blue (A árvore da vida e o infinito azul, dated 2006), Fishing (A pesca, dated 2007), The Island (A ilha, dated 2008), Creation — The Stars (Criação — As estrelas, dated 2009), Bitter Fruit Or The Dream Island (O fruto amargo ou a ilha do sonho, dated 2010) and The Conquest Of Fire And Grain (A conquista do fogo e do grão, dated 2010) feature extremely elaborate colored detail. Furthermore, if we keep to this late example, The Conquest Of Fire And Grain comprises two rare characteristics in Samico's work: colored areas in an amount and intensity above the norm; and 2) the absence of the human figure in the whole scene. In that woodcut, topped by a huge heraldic profile of a bird which carries a flame or a flower of fire, elements such as rain, a maze crop and floods surround a lizard (or a gecko, or a dragon). They are all symbols or characters of a legend titled Power (O poder), found by Samico in the Memory Of Fire trilogy, by Uruguayan writer Eduardo Galeano[10], who became an invaluable source for some of his most important woodcuts. In the uncanny narrative of Power, a character known as "o Mesquinho" ("the Mean-spirited") possessed fire and grain, and "gave out the baked grain, to stop others from cultivating it. One day, the lizard manages to steal the raw grain. "O Mesquinho" grabbed it and tore out its mouth and fingers and toes; but it managed to hide the grain right behind its last tooth. Later the lizard spat the raw grain in common ground. The tearing inflicted on the lizard left it with its enormous mouth and very long fingers and toes." The legend also tells us that one day, during a scuffle against Mesquinho, the parrot stole the source of fire, "a blazing log" and ran away to the woods, hiding the flame in the hollow of a tree (any similarity with the mythological Prometeus only reinforces Samico's thesis that a universal mythology is recreated in different civilizations). Aiming to put off the flame and to punish everybody, the mean character "banged his drum and triggered a flood". The story also tells us that because of the effort to save the fire, the parrot's beak ended up "short an curved" and one can still see the white mark caused by the burn". In the woodcut The Conquest Of Fire And Grain Samico reproduces nearly all the elements and characters involved in the parable: the two beasts (the hieratic parrot has a green and yellow plumage, characteristic of the bird), two corn cobs, a corn field, the storm and the fire invoked by men. Curiously, the main character of the story, "o Mesquinho" is never featured, and his absence indicates the clear condemnation from the graphic re-creator of the legend. Woodcut is thus an ode to its heroes.
Still on the subject of signs, symbols and fables, it is with Annunciation (Anunciação), dated 1961, that the first characters appear who will form Samico's magical repertoire (such as angels, dragons, fire birds and peacocks), alongside some saint stories, also found on chapbook (cordel) literature[11]. The "bird" and the "angel" of Annunciation would easily sum it all up. Here there is also a brightening of the scene, with the definition of the figures against a white background, something that will become a permanent feature from 1963. In the 1961 woodcut, you can see on the floor what Samico calls "wooden leftovers," strokes and waves in black which, as in Francisco And The Mantua Wolf (Francisco e o lobo de Mântua), dated 1960, provide rhythm and accentuate the luminosity of the whole. To him, even in Francisco And The Mantua Wolf that effect was ambiguous, and what intrigued him was precisely the surprise factor — so appreciated by most engravers — provoked by the "wooden leftovers" on the areas where he procures light. That was not the case in Annunciation, when the rhythm provided by that "effect" was clearly sought for.[12]
The woodcut The Triumph Of Virtue Over The Devil (O triunfo da virtude sobre o demônio, 1964), apart from clearing completely the "wooden leftovers" — or the "superfluous", as Samico also calls it —, presents a new element in his work: the use of the continuous line as a source of rhythm and light becomes an irreversible mark of the refinement of his style. From then onwards, next to the blank spaces, great bundles of lines or the minute repetition of short parallel strokes bring to the surface of the paper a vibrant sensation that emphasize such mark. As opposed to other artists who, upon reaching a level of excellence begin to create an art that is more free of rigor, Samico intensifies his intricacy, the ever more exact and precise and meticulous stroke, all of which results in creations of cumbersome execution. He admits to that when he says that he slowly dug his own misfortune — "how could I, now, do something wrong?" —, as he suggests that is, in fact, the martyrdom of his passion. "When the woodcut is finished, I look at it and ponder: if I had had an extra month, I would have done it differently." But he absolves himself in his own judgment: "Still I am able to carry out my work within a rigor that will not compromise me".
Upon analyzing the process of elaboration and execution of a woodcut from the conception of the idea, across the evolution of the numerous preparatory studies and finally through to the use of all techniques of representation of depth, perspective, shadow and light, I wonder if there are limits to the solution of certain problems. Pointing at the narrowest of cuts on a matrix, Samico explains: in "end-grain" engraving, the one invented by Berwick, everything is possible, even the crossing of lines. Today, if I were to make a line cross, I'll do it with the white line, not the black. Because the crossed black line adds, and the crossed white line subtracts. So the values are different. If I were to achieve a greater value with a white crossed line, I would have to give a lot of thought to leaving more black than white, because the tendency is to leave more white then black." Making small cuts on the wooden surface, he demonstrates how he elaborates delicate areas of shadow and light: "There are areas where I need different shades of gray, and for that end I can use crossed cuts or lines, which in some

cases are the only possible solutions. I say that because I cannot just scratch or graze the wood, I need to solve the problem graphically, with the sincerity of the cut. I consider these solutions every moment".

Standing before numberless drafts and impeccably executed woodcuts, new and old, again I must stress the mastery and refined artistry of his work. Samico goes up to a bookshelf and finds a book, an old edition of Don Quixote. He opens the volume on a random page and shows one of its illustrations. "Look at this". He points at details of the drawings by Gustave Doré. "Did you know that this is wood engraving?" I confess that the first time I saw the prints on Quixote I thought they were dry-point engravings, on metal. He says: "This is end-grain engraving. It's not the woodcut engraving I make, which is on the side grain. Both *Dom Quixote* and the *Divine Comedy*, both *Orlando* and *Paradise Lost* have end-grain engraving". As a draughtsman, Doré was very skilled, but note that in terms of ability the engraver was even greater in him. Doré made his drawings in feather tip, but everything was carved in wood. Surely, an engraving workshop of the time had many employees. Wood engraving was then what off-set printing is today. Besides, there were other issues. One of them was that the drawings, sometimes made in water color, could be interpreted by the engraver, which demonstrates another impressive ability. The watercolors were interpreted on wood, as the engraver did all he could to repeat the original. One instance of mastery was the feather-tip stroke drawing, lines crossing lines. It was uncanny, since when you cross two lines on wood, there remains a square that needs to be removed. So they removed all of these squares. It is an exercise of such sophistication that one doubts that it was done by the hand of man. Emulating *fusain*, emulating *crayon*, emulating pencil, all that was done with end-grain engraving".

BRIEF NOTES FOR A BIOGRAPHY
Gilvan José Meira Lins Samico, born in Recife, Pernambuco, on 15 June 1928, spent his childhood and teenage years, even part of his adult life, on the neighborhood of Afogados, on São Miguel street. He was one of six children — three boys and three girls —, the one before last to be born to a middle-class couple, whose father was a retailer and whose mother took care of the house and kids. His first studies were at the local school — he went to primary school at Children's Guild (Patronato das Crianças) and midschool at Amaury de Medeiros School Group (Grupo Escolar Amaury de Medeiros) — finishing his studies at Porto Carreiro private High School. For some time, he considered studying architecture at university, but he gave up the idea while still preparing for the admission exams. When he began drawing, still a teenager, his models were the famous artists that he saw on film magazines. The spark for that beginning was lit during a visit to an uncle who lived in the neighborhood. That day, at the garage where he used to play with his cousins, he found a drawing book that had been apparently abandoned, having on the first page a single pencil sketch. It was the portrait of some "film star." Perhaps thinking of improving it, or maybe feeling challenged by such similarity, he took the book home and started copying everything that could serve him as a model: newspaper photos, pictures of saints, book illustrations and even, as a greater challenge, the "Sacred Heart of Jesus", a small etching in plaster that decorated the sitting-room. He would repeat the drawings to exhaustion until they pleased most of the people who saw them.

Although he had no formal background or a specific outlook on the arts, Samico's father was a man of refined perception. His father had been an industry owner in Recife and, to some extent, the family had information on art, even if it had not been anybody's plan to have an artist at home. At the age of fifteen, wanting to boost the family income, the young artist took his first job as a general clerk at the Odeon shop, in central Recife. The job did not last much, as either for incompatibility or inadequacy for the task, soon he had returned to the work that he enjoyed the most, drawing. A second job, which lasted eight months, was at his uncle's nail factory. When he turned eighteen, his father took notice that his commitment to pencil and notebook was greater than a simple hobby. Thus he decided to take his son to a friend who was a drawing teacher, the painter and architect Hélio Feijó, to hear a specialist's opinion. For that purpose, he asked his son to put together all his best material to show. With a selection of his output inside a case, the young draughtsman reported to Feijó's office, at Imperatriz street, where he was subjected to his first professional assessment. Though not enthusiastic, Feijó's verdict was exact: the young man should stop making copies of photographs and start drawing live models. From then onwards, Samico started searching for his themes in the vicinity of his house, where there were landscapes and animals, so that goats, cows, horses and birds were his first "live models." During that period, his drawings were still made in pencil. Only some time later did paint and brush come to be a part of his materials. Soon the young artist started paying regular visits at Hélio Feijó's house and workshop, where he came to meet important modern artists of the time. Shortly before the first meeting with Samico, Hélio Feijó had founded, together with other modern artists from Pernambuco, the Recife Modern Art Society (Sociedade de Arte Moderna do Recife), based inside his workshop at Imperatriz street. The new Society group was opposed to the overly orthodox concepts defended by the professor Balthasar da Câmara, head of the Recife School of Fine Arts (Escola de Belas Artes de Recife). Whereas Balthasar had the support of students and artists who had studied at the School, Feijó's crowd was comprised of journalists, writers, poets and photographers, all tuned into the "new style" or, at least, a style free of the academic rigor of the official school. In the new group, Samico made friends. Though he was very young, he became part of the cast of "emerging artists" and hung out with well established names such as the sculptor Abelardo da Hora. Brimming with talent and fueled by his youth, Samico knew no limits to his artistic curiosity, so that even being part of the Society group, he also had friends among the artists belonging to another group, such as the scholar Murilo La Greca. It was then that he met the already acclaimed painter Reynaldo Fonseca, master at a classically constructed painting, who invited him to take part in a drawing course. By means of his contact with Reynaldo, Samico acquired priceless knowledge in erudite art. So as to support himself financially while he was engaged in the study of art, he joined the state public service, having been hired by IPSEP.

Following Hélio Feijó's tenure as first president of the Recife Modern Art Society, in 1950 the position was taken by sculptor Abelardo da Hora. Known for his active political life and ties with the Brazilian Communist Party, as president of the Modern Art Society Abelardo concentrated on the creation of a course to train draughtsman, painters and sculptors who were dedicated to a form of art that reflected the grievances of the humbler classes. He went further: a kind of art rooted in Brazilian culture. To minister his first course, he managed to borrow a room at the School of Arts and Skills (Liceu de Artes e Ofícios), in central Recife, where he began teaching. Samico, aged twenty-two, was a member of the very first class. Some months after the beginning of class, the director of the School, perhaps out of jealousy of the new course, asked for the room to be returned. Abelardo got his students together and proposed that they chip in, as he would, so that they could rent another room where they could continue. With great difficulty, over the next months the group assembled in several addresses, being thrown out every time for delaying payments. Finally, the fourth or fifth official headquarters were at the house of Samico's uncle, who rented it for three years. The house was located at number 117 Matriz street, in the neighborhood of Boa Vista in central Recife, and had two floors. On the top floor, where Abelardo also set up the workshop, the painting lessons were ministered, and on the ground floor the drawing and live modeling classes were installed. Occasionally the classes were taken to popular festivities — one of the passions of the teacher — so that they would draw the musicians and participants of the *pastoril* and *maracatu* during their presentations. Some time later, the association of these art students came to be called Collective Workshop (Atelier Coletivo, with the French spelling for *Atelier*), and lasted a few more years, with more members or fewer members, until they became professionals and set up their own private workshops. Some of the most important artists in Pernambuco of all time studied at Collective Workshop.

Under the guidance and influence of Abelardo, a master draughtsman and sculptor, Samico got to make a single sculpture, modeled in clay and fused in cement. It was the depiction of two fishermen, one standing and the other crouching by a fish. We do not know when the sculpture was broken by him, but even so the hands of the two figures were kept by his wife, Célida. Still in 1954, during his Atelier lessons, Samico began making plaster engravings, and sometimes those engravings were recreated in wood when he went home. On these early woodcuts, though they revealed a certain thematic indecision — there was a preference for things related to the sea, such as fishing boats and fishermen — the stroke was already precise, mixing light and texture in a sophisticated manner. Upon the opening of the Pernambuco State Museum Sixteenth Painting Exhibition (*XVI Salão de Pintura do Museu do Estado de Pernambuco*), in 1957, the young engraver decided to send one of his pieces as a test, and to his surprise, he won an award. He repeated the accomplishment in 1958 and 1960, when he had already left Recife. From then onwards, his technique was to be perfected in the workshops of Lívio Abramo and Goeldi, during his stay in São Paulo and Rio de Janeiro.

A CRITICAL VIEW, AN INTIMATE VIEW

I see in Samico's work one of the most elevated accomplishments in the arts, and what I have in mind are the accomplishments of poetry. Not only poetry as the driving and living force behind every great piece of artwork, but that which is slow in the making and worked through to exhaustion, inexpressible any other way. In the history of art and literature, there are notable instances of such sublime elevation, be it in extremely abundant bodies of work, be it in sometimes very skim anthologies and catalogues, as it does not matter here whether those artists, poets or writers lived for a couple of decades or carried memories of one who has lived a thousand years. All of them achieved the same heights with each line or stroke. In the art world, Samico is certainly one of those superior souls.

What makes Samico's art a great art, elevated to the highest level of graphic or pictorial creation, is that his quest is not limited to the field known as erudite literature or art, but finds its success in the original construction of a powerful invention that is fueled as much by ancestral stories as by popular culture. Almost always stemming from the investigation of such stories, from chapbook literature as well as passages from the gospels — so often present in chapbooks —, its alchemy establishes the links of universal memory in a vigorous transit between the sacred and the profane, reality and fantasy, recreating a new iconography and erudition. His vast cellar of narratives and characters is also rooted in hagiology and the mythologies of other cultures, which he wisely calls universal. Samico's engraving is the greatest token of a contemporary artist's love for the graphic arts. His rigor in the execution of drawings may be compared to that of Renaissance or even earlier engravers, a time when the ability of the artist yielded almost unbelievable results from hand and chisel. In Samico's art, that relationship takes place in a similar form, but the exactness of his cut feeds on the fluidity of his fantasy, and the minimalist virtuosity that illustrations (or illuminations) of old reveal, in his work translate as amplitude and precision. I do not entirely oppose the thesis that finds minimalist features in his oeuvre, but I do not see in the results any overstatement that could be attributed to that characteristic. Minimalism is associated with the idea of an exaggerated virtuosity which does not apply to Samico's engraving. His precision is the precision of an idea that is turned to art without waste or exaggeration — which is not always the case with minimalistic art. All those months spent by Samico poring over the solution of a gesture or a scene are also the search for the duality with which precision reveals its clarity and its mystery.

If we take a look at Samico's work, we can notice that it is from 1960 that he finds his definitive world and style. On that decade, a revolution of form and light seems to begin in the realm of his creation. That is the period when his engraving rids itself of the nocturnal fields of Goeldi's nature and the abundance of textures of Lívio Abramo, taking on an expression that will be exclusively his, to be processed within a new thematic perspective. The new path as Samico himself has revealed in several interviews, was initially indicated to him by his friend Ariano Suassuna, who advised him, upon the artist's disapproval of the work he had been producing, to take a "plunge in the world of chapbook literature and popular engravers". The artist thus abandoned purely pictorial themes and engaged in the narratives of the chapbook imaginary world, whose poetry involves an infinity of human conflicts and the entire symbolism of the sacred and the supernatural. Added to that, or in consequence of it, a heraldic typification of his figures — especially when portraying mythical animals —, gives his themes a truly armorial grandiosity, which turned him into the most important visual-arts representative at the Movement started by Ariano Suassuna in 1970. Many engravings from that period could have been illuminations for fantasy-literature books, in which characters mingle with visitations from legendary animals and figures. From then on, the attainment of a personal style and the use of universal themes collected from legends and mythologies are interweaved with the array of regional sources[13].

Samico often says that one of the reasons for his applying color to etchings is his "frustration as a painter or as a non-painter". The statement may sound amusing or even modest, but it shows a critical outlook which allows us to build bridges between his engraving — which is widely known — and his painting, a quasi-secret oeuvre, whose access is restricted to an elected few. In the field of engraving, that relationship is more easily apprehensible in the work done during the period of his initiation to chapbook literature, (the early 1960s). In his output from that period, despite the cast of serpents, lions and birds that came to reside on his plates, the themes always remind us of painting environments. Prints like *João, Maria And The Blue Peacock* (*João, Maria e o pavão azul*, 1960), *Francisco And The Mantua Wolf* (1960), *The Palm Virgin* (*A virgem da palma*, 1961), *Saint Anthony's Temptation* (*A tentação de Santo Antônio*, 1962) or even *The Madwoman Of The Garden* (*A louca do jardim*, 1963) are constructions that could well have been delivered as oil paintings. That becomes clear, even by contrast, when in 1964 he etches *The Triumph Of Virtue Over The Devil* (*O triunfo da virtude sobre o demônio*), *Apocalypse* (*Apocalipse*) and *The Sin* (*O pecado*), works that definitely take on the features and the elements exclusively related to his graphic style, which, from this moment, will establish compartmentalization of spaces, parallelism and reflected images — *Suzana In The Bath* (*Suzana no banho*, 1966), *Battle Of The Angels* (*A luta dos anjos*, 1968).

A disturbing element to any of Samico's works warrants commentary. As one may note in the above paragraph, the names of some of the engravings could well have served as titles for chapbook tales or for the creation of some playwright whose stories mingled profane fantasies and sacred mysteries. Even though, in the second case, his naming processes differs from theater creation precisely at the point which most enriches them. Whereas on a play one goes on to assemble the scenery and to rehearse with actors once the text is known (and as a rule, the name of the play), Samico comes up with titles, most often, after the work is finished. It seems obvious, but I shall explain. What I mean is that the theme or the figures that drive him to begin a drawing are not necessarily related to the final theme that will be conceived, since there takes place a permanent introduction (or substitution) of characters in the scene. Thus, even if he started off from a presumably lyrical or dramatic idea, or even from a legend, he may, after the insertion of a heraldic element or the metaphor of symbols or specific figures, arrive at an epic title, impenetrable without a long reflection. In other cases, perhaps even more curiously, the title chosen starts an avalanche of interpretations that surprise even the author himself. That is what happens, for instance, when he explains the naming process of the engraving *The Return* (*O retorno*, dated 1995): "She has a serpent on one side, a fish on the other, a bird as a central figure, overlapping a cross. At the base, a vegetable, burning leaves. At the study there was no such cross. The central figure was a bird with spread out wings, with an ornament of styled flowers. Then it suddenly occurs to me that the bird with the spread out wings reminds the Crucifixion. So I placed a cross behind it. I added to each wing a sort of eye, that may remind us subtly of the wounds on the hands of Jesus. No one has ever spotted that as a wound, it is my delusional mind that makes that type of association. I am saying that now because I am trying to reach a point of analysis, of observation. But at the time of creating none of that exists. It was the title that generated all that speculation".

Based on that analysis and observing the psychology of his composition through several studies, one notices another enriching element. In the etching *The Return* — mentioned above — the visual solutions, as well as the figures therein, interact so as to furnish metaphors open to the most diverse interpretations. On this specific case, following the clues given by Samico himself, there is evidence of elements — the fish and the serpent — that leads us to consider them religious symbols. These figures, by the side of a central cross as if they were the good thief and the bad thief, point to a bird that overlaps the cross in an almost obligatory reference to the Holy Spirit. On the other hand, if we analyze the preparatory studies of any one engraving before we get to the woodcut plate, we can observe that, firstly, numerous elements are added and removed to the paper, following exclusively criteria of balance, harmony, complementation, or reasons so subjective that not even the artist can notice. These criteria, though independent from the central theme, allow for new figures, sometimes inexplicable in the light of logical investigation, to be inserted in the scene, enriching it so much that the title of the piece only opens windows to narratives with a thousand possibilities. One loses contact with any known reference or fabulation from which the idea may have come from, arriving at a new level of creation, where it is Samico's ability which orients us, legitimating the emergence of a personal mythology.

Still in the field of semiotic or structural analysis, one could highlight two further elements within his creative process. The first has to do with the anthropological sense of his creations, since in almost every etching we can find the figure of a man and/or woman — never that of children –, be them naked or dressed in timeless fashion, making it impossible for them to be related to any period or place. Such characters may be "real" (hunter, warriors, lovers) or "mythological" (mermaids, angels, demons). Therefore, like the animals that transmute into enchanted peacocks or jaguars or winged horses, the figures of men and women may also have wings or arise from a star's trail of light, enchanted by the same spell that makes the legs of a woman give birth to two fish which are fountains of the water of life — *The Fountain* (*A fonte*, 1990).

The second point of this observation may be illustrated by six works: *Lord Of The Day* (*O senhor do dia*, 1986), *The Return* (1995), *Sacred* (*O sagrado*, 1997), *Fruit-Flower* (*Fruto-flor*, 1998), *The Star Eater* (*O devorador de estrelas*, 1999) and *The Conquest Of Fire And Grain* (*A conquista do fogo e do grão*, 2010). Human figures are absent from all these pieces. There are not even elements that could suggest the presence of man, like a ship passing by. Here, the only link with such presence is an artistic creation, and Samico himself, like a mentor in an enchanted zoology, is the force sustaining that link. That point, I think, opens endless reflection of a literary or aesthetic nature, associations with philosophies, with poets like Ovid, fabulists like Esopus, and an entire mythology specific to zoomorphism.

I have mentioned the issue of timelessness in Samico's characters. I want to discuss that aspect briefly. However, before that, let us state something. The artist himself confesses that, from a certain moment on, his engraving lost the "sense of depth, of perspective." Such gathering of planes takes place gradually, if quickly, when Samico's aesthetics depart from the spacial organization of classic painting and takes on the techniques of chapbook engravers, on which everything appears to be on the same level. It is also at that moment that the stages of time (past and present, memory, dream and reality) are represented in fixed compartments in his work, and in such compartmentalization maps and calendars are presupposed. With the same intelligence, volumes grow unconcerned with the pictorial solution of relief — a feature that still resides in *João, Maria And The Blue Peacock* (*João, Maria e o pavão azul*, 1960) –, adopting a form of representation typical of ancient Egyptian painting, before the Greeks created the technique of foreshortening, on which characters are almost always depicted in profile. On the other hand, the environments on the new etchings begin to lose architectural references — still present in *Pedro's Vulture* (*O urubu de Pedro*, 1963), and *The Triumph Of Virtue Over The Devil* (1964) or even geographical ones, here and there presenting a fictitious vegetation that could sprout on any region of the planet. As for chronological or historical time, one can no longer say on which period any scene of that universe takes place, since clothes, objects, weapons and boats can all convey the idea of a timeless past as that of pure fantasy. On that point, or more specifically, with relation to the boats that sail the waters of that fantasy, the drawings always remind us of the old ships that to this day inhabit the memories of those who left the North headed for Rio de Janeiro *Destiny's Boat And The Three Egrets On The River* (*O barco do destino e as três garças do rio*, 1965) and *The Abduction Of The Sun* (*O rapto do sol*, 1984), as well as, from a very different angle, they can remind us of the Egyptian nautical architecture (Egypt again), or the boats that crossed São Francisco river with figureheads on their prows. Here, time and space are cards from a set that Samico handles deftly in his creation.

Pondering on the aspects commented here, I return to the magical terrain of his sources, in particular the universe of legend. He says: "What interests me in these legends is the absurdity. More than the legend itself there is also the issue that legends are universal, that they can belong to any people, of whatever age or place." One example of the universality he mentions is *The Milky Way*, a legend narrated in the first volume of Galeano's trilogy, that gave origin to two recent engravings — *Milky Way – Constellation Of The Serpent* (*Via Láctea – Constelação da Serpente*, dated 2005) and *Milky Way – Constellation Of The Serpent II* (*Via Láctea – Constelação da Serpente II*, dated 2008). The story goes that, in a certain tribe, in a distant time and place, an indian had been keeping a worm, feeding it on the hearts of birds. Soon the worm grew and, when there were not enough birds to feed it, the indian started killing jaguars to feed what had by then become a giant serpent. One day, the beast of huge dimensions started demanding human hearts. The legend tells us that "the hunter left his village without people, as well as the neighboring districts" until the day when other indians killed him. "Plagued by hunger and nostalgia" and determined to avenge the death of its owner, "the serpent wrapped itself around the guilty village, so that no one could escape." The men then threw arrows of fire against the animal, who would not stop growing, but no one survived. Finally, "the serpent rescued the body of its father and grew upwards. There it can be seen, winding, spiked with blazing arrows, crossing the night." The story, of moving beauty, could in its uniqueness represent the genesis of the entire universe.

Just as the legends he recreates graphically, Samico's reasons for not concerning himself with the time or place of these records are equally moving: "I do not choose the origin of the legends. As long as it keeps my integrity and that of my way of making and seeing things, I am not concerned with where the story comes from. Because I am the one who brought it here, I made it belong to my world. The truth is that I find these narratives charming. The same way I have created engravings based on chapbook literature, sometimes there is a native-Brazilian legend about the origin of everything. I'm saying this to you because you're breaking everything down, but if anyone examines it by itself I think it unlikely that they'll be able to tell that the piece is about this or that known legend. That is because the elements are simply suggested. Everything happens very much according to my own mind. My way of solving things is not descriptive. So, just as I have told chapbook stories, why can't I tell the story of a legend or of a people?"

Still about time and place of these legends, just like the symbols and other elements that would be impossible to find in Brazil, Samico says: "Once I made an etching called *Luzia Among Beasts*. I placed a lion on one side, a tiger on the other and a jaguar close to them. A person could say: 'I've seen a jaguar, but we don't have tigers and lions here.' Well, a popular engraver would not have a problem inserting an animal which is not from here into his work. Because even when you think of Brazilian culture, which came from abroad and was integrated here — I don't mean now, when the invasion has been excessive, even annoying —, but what we were given as tradition, that's what created this broth, this soup, and I feel like I belong to that. So, why not? Now, if I were making an art that were a blatant imitation, copied from North America or Europe, that would be a different thing. Because what I use is almost an abstraction, and incredible as it may seem, even the native Brazilian legends can relate to other legends, they are also universal. These separate worlds have much in common. For instance, the thing about birth and virginity, which is in the Bible itself, we find in the legends: a woman who was a bird and who gave birth to a child… So there is constant crossover in this primitive world…"

A third example for the analysis of Samico's recreation processes — still based on the stories narrated by Eduardo Galeano — is the woodcut engraving *The Hunt* (*A caça*). About this masterpiece, produced in 2003, note how we do not use the term "recreation" lightly, but in virtue of the array of elements that here also recount a primitive story raising it to universal levels. Thus, whereas the legend *The Feast* (*A festa*), which gave origin to the engraving, tells the story of an Eskimo that chases reindeers and is attacked by a hawk, in Samico's piece it is a naked indian, inhabitant of any period or place, who chases an equally unspecific deer. The bird that emerges at the imminence of the attack could really be a hawk, common to almost every continent, but could also be a falcon, a condor or even a *carcará* from the North-East of Brazil.

As opposed to the liberties of painting, where every mistake can be corrected, the task of the engraver demands patience and precision so that

the numerous preliminary studies, often carried out on dozens of pieces of paper, find their way to the final version that will be transferred to wood in definitive form. Even so, the introduction of details in color, be them in the slightest ornamental fringe or in the larger parts of a flower or a star, is only decided after the engraving is finished. And since we mentioned stars, here is another meaningful element in Samico's magical universe. For him, the stars in his etchings — even those collected from Galeano's books of legends — remind us of the star of Lampião, the northeastern bandit, and thus of an amulet, a symbol that gives strength. About the difference, he explains: "When you have that star around your neck, you feel protected".
A master in his art, Samico states that engraving was practically "an accident" in his life. He admits, however, that accidents cannot always be remedied: "Engraving does not allow me to make mistakes. If I take out the wrong part of the wood, there's no return." That rigor is his obsession and it feeds the force behind his poetry. Like a Quixote that dreams his Dulcineia or a Dante who remembers his Beatrice, he continues his quest for the definitive translation for each story that he decides to engrave. He says that his masterpiece will never be executed, but knows that at the bottom of his rave the meaning of art is the meaning of life. The endless legend of creation is the utmost meaning of his poetic fantasy.

THE SECRET PAINTER
In 1991, during one of my earlier visits to Samico to speak about the work of Brennand with sculpture — who, like Samico, is both a painter and a draughtsman —, I was surprised and impressed by the paintings I saw on the walls of his sitting room. All of them carried his signature. To that moment, like most people who were familiar with the name Samico, I took his work to consist mostly of woodcut engravings. There could not have been another — and so obscure. But there, as I looked at his paintings, I was convinced that I was standing before a complete painter, a great painter who by some mystery refused to rival the engraver who lived in the same house and signed the same name as he.
Perhaps the common factors between Samico and Brennand[14] go much farther than the sheer greatness of their talent and genius. There is something larger and conspicuous. That something is the silence, at once fertile and oppressing, adopted by their disposition and imposed by the shadow cast by Samico's woodcuts and Brennand's sculpture. Suffice it to say that, to this day, over fifty years since Brennand's *National Art Show* and *Art Biennual* achievements and over ten years since the opening of a private museum dedicated to his paintings and drawings, his graphic and pictorial output remains unknown. It is no different with Samico, though the display of his paintings, to the date I write this, is still limited to the walls of his sitting room.
As in his woodcut work, the universe of Samico's painting transcends immediately apprehensible references. Just as there is a natural tendency to associate his entire graphic project to the signs and reminiscing of chapbook literature — long transfigured and enhanced by his own invention, as we have seen — it will not be surprising if simplifications emerge that take his paintings as mere oil-on-canvas reproductions of his woodcuts. In any case, the loss of focus owes more to the excessive distance from the body of work than to flawed analysis and interpretation. That is because, to a great extent, observers who have or have had access to only part of his painting may slip before false doors. For that very reason, so as to shed light on the issue and not condemn altogether those who commit such *faux pas*, I shall divide Samico's painting in three groups: landscapes and still life; portraits; the universe of enchantment or fantasy literature. Only the latter, which makes use of the same sources as his woodcuts, the connections are easily perceived.
Samico began painting before he embraced woodcut engraving — the technique which bestowed him with well-deserved notoriety. Following his teenage drawings, contact with paint and brush was a natural consequence. The young draughtsman wanted to be a painter and set out to become one. His repeated claim in several interviews that he became an engraver by chance also owes to the fact that woodcut engraving was, at first, only one technique to be studied with Abelardo da Hora at his Collective Workshop. But soon the plaster slabs and linoleum etchings would reveal so much light, that progressing was inevitable. On the other hand, curbing the painter's abilities would have been a waste. Thus, together with other Atelier students, young Samico would chip in to buy canvasses, brushes, paint, and would paint pictures in a daily and discreet exercise. When he went to the fields and plains of the Afogados neighborhood to capture urban landscapes, he would follow an almost personal chronology to add elements to the picture: first he would draw the figures, then the landscape, and after that he would paint both. As for the modern painters he got to know, most were presented to him by the books in the Recife Modern Art Society, where he enrolled after leaving Collective Workshop. There he became familiar with the painting of Di Cavalcanti, Lasar Segall, Anita Malfatti, Vicente and Fedra do Rego Monteiro, Portinari, Djanira, Guignard and in particular that of José Pancetti, whose great admirer he would become. He saw some of Pancetti's paintings in person during an exhibit held at the Society.
In a way, Samico's relationship with painting has been a constant throughout his life. Even during the periods when estrangement from the easel was imposed by his commitment to engraving, the pictorial thought is still present. During his European spell — in the course which he made no woodcuts — he produced drawings, watercolors and some oil paintings. Many of these works were lost along the way, given out or simply left behind. After his return from Spain, he kept on working quietly on his painting, which softened the hard obstinate task of the engraver. In different periods, his pictorial output was greater or smaller than his woodcut work, depending on circumstantial variables involving friends, family, clocks and calendars. Time, in its construction, was always scarce and finite for Samico.
Most of the paintings that now make up his personal collection was never exhibited or even seen by his closest friends[15]. These pieces are painted on media such as canvas, wood, hardboard and paper. Among the ones signed in the 1950s — family portraits and some imaginary figures —, a self-portrait in a moustache, dated 1956, is a rare record of the time the painter did not yet wear a beard. All works carry the mark of modern XXth century painting. On these portraits, subjects are almost always alone — although superb, there are few instances of more than one subject on the same scene —, and in each piece the fine drawing and richness of light and shadow can be noted. His palette, like the meticulous treatment given to the design or the backdrop, is that of a Brazilian painter aware of the sophisticated features of European expressionism, especially that achieved in Germany until then. The profusion of color and detail in a single portrait enhances it as in those made by the masters of the day. From the 1960s onwards, still lives reappear in Samico's work, whose simplicity and economy of elements remind us of painters like Braque, Morandi or even Cézanne — suggesting cubist reminiscence in some pictures —, but also, again, of Pancetti, who painted still life as beautifully as portraits and seascapes. In both cases, the luminosity of the colors resists, though in Samico the views are more uniform and contained. The 1970s yielded a smaller pictorial output, which may have prognosticated the fertile harvest of the 1980s, when Samico went back to painting landscapes, now belonging to a group of Pernambuco painters who for some time went on outdoor excursions.[16] On such trips, that lasted until sunset, he painted seascapes that rank among the most unique in Brazilian art. In each there is a record of silence turned light, a silence one can almost hear, like the one that lights Pancetti's sand. Here, the admiration of the Pernambuco man for the São Paulo painter-sailor is reborn as a tribute. An admiration that lights a strong and personal sun, revealing mastery of unquestionable quality. For his seascapes alone, Samico would be considered a master by any assessment.
From the second half of the 1990s, Samico concentrates on indoor painting, where isolation and proximity to his graphic universe suggest new experiences. Now his motifs are no longer figures or landscapes that lend themselves as models to be observed from a distance, but are replaced by the imaginary, unreal, fabulous or fantasy characters and landscapes found in his woodcuts. On these paintings that permeate though to the XXIst century, one may indeed recognize the enclosed spaces, be them compartmentalized — remember the reflections and parallelisms of engraving — or in scenes from a magical theatre, where an event is clearly narrated. The organizational structure of painting, classic or modern — detected in his earlier work, with volumetrics, perspective and vanishing points — is not to be found here. These pictures clearly recreate the uni-

verse imagined by him on wood and on paper, or, inversely, they reveal and amplify the seminal stream of the universe contained in those woodcuts. Here one finds, again, the legends of Galeano, the immemorial dreams of distant cultures and an entire cosmogony of symbols and characters that have us realize — knowing his graphic work — the creator. As for the justification once given by Samico that the addition of color to his prints stems from the painter's frustration, his paintings redeem him of any such frustration: his vigorous and febrile paints explode in a demonstration of life that illuminates all his art.

I have mentioned the relationship I see between Samico's painting and that of Pancetti. But aside from particular and specific convergence or correspondence — probably stemming from a subjective identification born the first moment Samico saw a painting by Pancetti[17] —, there are coincidences in the biographies of both that, combined with their most intimate dispositions — that go as far as the manner of seeing light or the silence on the surface of things —, build new similarities. Should their humble backgrounds and the labyrinths of their relationships with their father figures not suffice to impress such acute sensibilities in a similar manner, there is more to it. Let us remember that, just as the sailor-poet had a relatively short experience among the painters of the Bernadelli Nucleus — a group of young artists guided by painters Manuel Santiago and Bruno Lechowsky —, Samico also did not spend much time with Lívio Abramo in São Paulo or with Goeldi in Rio de Janeiro. He was under a month with the latter, in the engraving course taken at the basement of the National School of Fine Arts. Furthermore, Samico and Pancetti were bestowed, in different categories and years, the greatest prize at the National Art Show[18], the Overseas Travel Award — though for health reasons Pancetti was unable to travel. But perhaps it is precisely in the close relationship with official institutions that lies the greatest similarity between the two, since, though such proximity may suggest an oeuvre in accordance with the canons and standards of academic art, their pictures break away from both orthodox rules and avant-garde transgressions. And even if they are built on the solid ground of erudite initiation, they take on their own condition of autonomy and invention, of the typical genius and expression of unique talents.

By stressing the superior elements of Samico's painting, removing from it the uncomfortable obscurity to which it has been subject for no reasons at all, I do not mean to oppose or superimpose his pictorial output to his graphic work. Over the last decades, as we know, Samico himself has allowed, consciously or not, his engraving to become synonymous with the artist, so that painting became, even to himself, a quasi-secret activity. Other reasons beyond his control may have contributed to that, like mistaken assessments, too preoccupied with interests that did not allow them to perceive beauty. The art world, for those outside of it, may seem a silent and peaceful place of creation and contemplation, but it is not quite so.

Even with the immeasurable distance between the prominence of the engraver and the obscurity of the painter, the number of pictures painted by Samico was, for obvious reasons, greater than that of finished matrices. Maybe, I cannot be sure, the number of sketches for woodcuts is equivalent to the number of paintings, but taking into account the evidence of lost pictures, an accurate comparison is hard to reach. In any case, since in art — as in poetry — it is not the quantity that counts, I am sure that, even when standing before a very restricted number of works by a great artist, we are aware of standing before a great artist. And here I cannot but think of the elect, those who, over the years or even hours that Samico spent painting all these pictures, were able to belong to the select group described by T. S. Eliot as the *happy few*. That is the feeling I get when I look at these pictures. It is the certainty I have as I finish this book

RIO DE JANEIRO, 2011

NOTES

1 Over thirty years later, Samico and Brennand exhibited pieces at the 1990 Venice Biennale, where the two of them met.
2 A boarding-house where he stayed the longest, Samico had an art-hater for a roommate, who would spend hours exercising in front of the mirror. While the athlete worked out, the artist would write highly illustrative letters to be sent to Recife, mostly to his girlfriend Célida Peregrino. A ballerina by education, Célida would soon take up a professional internship in Rio de Janeiro, where the two were married.
3 The invitation to Rio de Janeiro came from a cousin, one in whose house Samico had played as a child, the house where he found his first drawing book. When he told Lívio Abramo about his departure, again he was offered a letter of introduction.
4 A state office where Samico had begun to work shortly before his study trips.
5 During the year of 1967 and part of 1968, Samico took the bus to João Pessoa twice a week to go to his engraving lessons. Olinda and João Pessoa are separated by about 120 km.
6 Apart from the art shows in which he won awards, Samico took part in biennial exhibits and international collective shows, such as Carreau du Temple, in Paris; the Art Center of Dronninglund and the Charlottenborg Museum, in Copenhagen, Denmark; and the Konsthall, in Stockholm. Curiously, in the case of the Rio de Janeiro Museum of Modern Art (MAM) Seventeenth Modern Art Show, where he won the prize, all three engravings submitted had been sent in by a friend, without Samico's knowledge. As he did not know the names of the pieces, he submitted them as "Engraving nº 1", "nº 2" and "nº 3". Samico finds this amusing, since he never used numbers as titles. The engraving that got him the Overseas Travel Award was *Battle of the Angels* (*A luta dos anjos*), dated 1968.
7 After the wedding, Célida de Miranda Peregrino changed her signature to Célida Peregrino Samico.
8 Founded in 1943, the One Hundred Bibliophiles of Brazil Society edited 23 works of Brazilian-literature, illustrated by top names from the Brazilian visual arts scene. Aside from the 100 member issues, Castro Maya produced a special edition with the originals of the illustrations. Many matrices, having been made worthless for future publications, were purchased during Society auctions. The One Hundred Bibliophiles collection also includes studies, proof prints and unused originals in the illustrations and in the menus for their book-release banquets.
9 In the engraving *Juvenal e o dragão*, dated 1962, Samico approaches that theme, widely explored by chapbook engravers. There are, however, rare instances in which chapbook literature furnishes him with a well defined character.
10 Samico and Galeano met in Recife on two occasions. As I see it, encounters like these reveal the mysterious engeenering of time which often unites, in the same period and place, artists and writers whose work recreate the light of permanence in a powerful symbiosis.
11 References to chapbooks, or the use of chapbook literature as a source of symbols, charachters or simply inspiration, are recognized by Samico only up until the 1960s. On those pieces, which he calls "open engravings", one does not find the symetric planes division, with compartments and markings suggesting differences in theme or time.
12 A close look at *Francisco and the Mantua Wolf*, dated 1962, brings out to me the movement of the "wooden leftovers" to which Samico refers, reminding me of Edvard Munch's *The scream*. Samico recollects that, more so than on the famous painting, that effect is present in the engraving of *The scream*, a mark of Munch's expressionism.
13 It is at that moment that his study of the Memory of Fire trilogy by Uruguayan writer Eduardo Galeano, became essential, having inspired elaborate engravings.
14 Francisco Brennand (1927), painter and sculptor from Pernambuco. He held exhibitions in museums and galleries in São Paulo, London, Berlin, Rome and Lisbon. He was awarded several prizes and decorations, such as the Prêmio Interamericano de Cultura Gabriela Mistral, in 1993, granted by the O.A.S., in Washington DC, for his body of work. He keeps a permanent exhibition of his sculptures in his Oficina Cerâmica, in Recife, and a museum of drawings and paintings called the Accademia, located at the Oficina park.
15 This book compiled and presented for the first time a significant portion of Samico's hitherto unpublished painting.
16 The greater part of the pictures made in this period record landscapes from the Northern coast of Pernambuco, especially northwards of Vila Velha, in the island of Itamaracá, 50 km from Recife. The excursions of that group of painters went on until the early 1990s.
17 The identification of Samico with Pancetti's aesthetic and luminosity will be revealed even in the way he starts t sign his pictures. Like Pancetti, he began to use only his surname in capital letters, usually next to the year, at the corner of the canvas.
18 Pancetti was granted the Overseas Travel Award by the Salão Nacional in 1941, as a painter. Samico was bestowed the same prize in 1968, as an engraver.

Nesta edição respeitou-se o Acordo Ortográfico
da Língua Portuguesa, de 1990, em vigor
no Brasil desde 2009, e de uso obrigatório a partir
de 1º de janeiro de 2012.

Foi feito o Depósito Legal junto à Fundação
Biblioteca Nacional

Proibida toda forma de reprodução desta edição
por qualquer modo ou forma, eletrônica, mecânica,
fotocopiada, gravada ou por qualquer meio
sem autorização expressa autor e da editora

CIP-BRASIL. CATALOGAÇÃO-NA-FONTE
SINDICATO NACIONAL DOS EDITORES DE LIVROS, RJ
S186

Samico, Gilvan, 1928-2013
Samico / [gravuras, pinturas e croquis] Samico;
[texto e curadoria Weydson Barros Leal;
versão para o inglês Kika Serra]. — Rio de Janeiro:
Bem-Te-Vi, 2020.
[1ª Edição—2011; 1ª Reimpressão—2020]
196 p.: il.

Texto em português e inglês
ISBN 978-85-88747-41-8

1. Samico, Gilvan, 1928-2013. 2. Gravura brasileira — Séc. XX.
3. Desenho brasileiro — Séc. XX. I. Título

11-6425
CDD 769.981
CDU 76(81)

27.09.11 04.10.11

Este livro foi impresso em quatro cores, utilizando
no miolo o papel Garda Pat Kiara 150g/m²,
pela Ipsis Gráfica e Editora, no município
de Santo André, em São Paulo, em janeiro de 2020,
para a Bem-Te-Vi Produções Literárias Ltda.

P.1 **CRIAÇÃO — O SOL, A LUA, AS ESTRELAS [CREATION — THE SUN, THE MOON, THE STARS]** 2011 [92,5 × 53 CM]
P.196 **A ESPADA E O DRAGÃO [THE SWORD AND THE DRAGON]** 2000 [93 × 48,7 CM]

editora responsável
Vivi Nabuco

editor executivo
Sebastião Lacerda

assessor especial
Fernando Pedreira

gravuras, pinturas e croquis
© Gilvan Samico

texto e curadoria
Weydson Barros Leal

fotografia e reprodução fotográfica
Helder Ferrer

versão para o inglês
Kika Serra

tratamento de imagens
Robson Lemos

design gráfico e diagramação
Raul Loureiro

revisão
Clarisse Cintra

coordenadora de projetos
Liana Pérola Schipper

apoio à produção
Marcello Braga Machado
Mariana Ferreira da Silva
Pêtty Azereco

assessoria jurídica
Manoel Nabuco

conselho consultivo da bem-te-vi
Ana Arruda Callado
Anna Letycia
Armando Freitas Filho
Gilberto Velho
Luiz Paulo Horta
Ricardo Cravo Albin
Sérgio Augusto
Sérgio Rodrigues
Silviano Santiago

BEM-TE-VI PRODUÇÕES LITERÁRIAS
ESTRADA DA GÁVEA 712 / 510
22610-002 SÃO CONRADO RIO DE JANEIRO – RJ
BEM-TE-VI@BEM-TE-VI.NET
WWW.EDITORABEMTEVI.COM.BR